The New HSK Vocabulary

Levels 1-6

Jayne Li

Copyright © 2013

All Rights Reserved

Acknowledgement

Source of the vocabulary lists:

www.popupchinese.com

Table of Contents

The New HSK Vocabulary 4

Pronunciation Guide 5-6

Level 1 Vocabulary............................8-13

Level 2 Vocabulary..........................15-19

Level 3 Vocabulary..........................21-31

Level 4 Vocabulary..........................33-60

Level 5 Vocabulary..........................61-119

Level 6 Vocabulary......................121-234

The New HSK Vocabulary

The New HSK consists of six levels. This book contains all the HSK vocabulary for all six levels. The Chinese characters are presented in both simplified and traditional forms along with Pinyin and English.

New HSK	Vocabulary
HSK Level 1	150
HSK Level 2	300
HSK Level 3	600
HSK Level 4	1200
HSK Level 5	2500
HSK Level 6	5000 +

Vocabulary Format

| Simplified form | Traditional form | Pinyin | English |

Pronunciation Guide

Tone Chart

Tones	Tone Marks	Description	Example
1st tone	¯	steady high level tone	mā 媽/妈 mother
2nd tone	´	rising tone	má 麻 hemp
3rd tone	ˇ	falling, then rising tone	mǎ 馬/马 horse
4th tone	`	falling tone	mà 罵/骂 curse
5th tone		neutral tone, unstressed	ma 嗎/吗 interrogative

Pinyin/English phonetics

Pinyin	English
a	ah
ao	ow
ai	ai
c	ts
e	uh
en	un
eng	ung
i	ee
ie	yeh
ia	ya
ian	yen
o	oo
ou	o
iu	yo
ui	way
u	oo
q	ch
ü	ee
x	sh
z	dz
zh	j

Level 1 Vocabulary

爱	愛	ài	to love
八	八	bā	eight
爸爸	爸爸	bà ba	father
杯子	杯子	bēi zi	cup
北京	北京	Běi jīng	Beijing
本	本	běn	volume
不客气	不客氣	bú kè qi	you're welcome
不	不	bù	no
菜	菜	cài	dish
茶	茶	chá	tea
吃	吃	chī	to eat
出租车	計程車	chū zū chē	taxi
打电话	打電話	dǎ diàn huà	to make a phone call
大	大	dà	big
的	的	de	subordinate particle
点	點	diǎn	o'clock
电脑	電腦	diàn nǎo	computer
电视	電視	diàn shì	television
电影	電影	diàn yǐng	movie
东西	東西	dōng xi	thing
都	都	dōu	all
读	讀	dú	to read
对不起	對不起	duì bu qǐ	sorry
多	多	duō	many, much
多少	多少	duō shao	how many...much
儿子	兒子	ér zi	son
二	二	èr	two

饭店	飯店	fàn diàn	restaurant
飞机	飛機	fēi jī	airplane
高兴	高興	gāo xìng	happy
个	個	gè	measure word
工作	工作	gōng zuò	to work
狗	狗	gǒu	dog
汉语	漢語	hàn yǔ	Chinese language
好	好	hǎo	good, nice
喝	喝	hē	to drink
和	和	hé	and
很	很	hěn	very
后面	後面	hòu miàn	back
回	回	huí	to come back
会	會	huì	can
火车站	火車站	huǒ chē zhàn	railway station
几	幾	jǐ	how many
岁	歲	jǐ	years, age
家	家	jiā	home
叫	叫	jiào	to call
今天	今天	jīn tiān	today
九	九	jiǔ	nine
开	開	kāi	to open
看	看	kàn	to look at
看见	看見	kàn jiàn	to see
块	塊	kuài	piece
来	來	lái	to come
老师	老師	lǎo shī	teacher
了	了	le	past tense
冷	冷	lěng	cold
里	裡	lǐ	inside

零	零	líng	zero
六	六	liù	six
妈妈	媽媽	mā ma	mother
吗	嗎	ma	question marker
买	買	mǎi	to buy
猫	貓	māo	cat
没	沒	méi	not
没关系	沒關係	méi guān xi	it doesn't matter
米饭	米飯	mǐ fàn	rice
名字	名字	míng zi	name
明天	明天	míng tiān	tomorrow
哪儿	哪兒	nǎr	where
那	那	nà	that
呢	呢	ne	(suggestion)
能	能	néng	to be able to
你	你	nǐ	you, you
你们	你們	nǐmen	you, you
年	年	nián	year
女儿	女兒	nǚ'ér	daughter
朋友	朋友	péng you	friend
苹果	蘋果	píng guǒ	apple
七	七	qī	seven
钱	錢	qián	money
前面	前面	qián miàn	front
请	請	qǐng	please
去	去	qù	to go
热	熱	rè	hot
人	人	rén	people
认识	認識	rènshi	to know
日	日	rì	day

三	三	sān	three
商店	商店	shāng diàn	shop
上	上	shàng	above
上午	上午	shàng wǔ	morning
少	少	shǎo	few, little
什么	什麼	shén me	what
十	十	shí	ten
时候	時候	shí hòu	time, when
是	是	shì	to be
书	書	shū	book
谁	誰	shuí	who
水	水	shuǐ	water
水果	水果	shuǐ guǒ	fruit
睡觉	睡覺	shuì jiào	to sleep
说话	說話	shuō huà	to say
四	四	sì	four
他	他	tā	he, him
她	她	tā	she, her
他们	他們	tā men	they, them
她们	她們	tā men	they, them
太	太	tài	too
天气	天氣	tiān qì	weather
听	聽	tīng	to listen
同学	同學	tóng xué	classmate
我	我	wǒ	I, me
我们	我們	wǒ men	we, us
五	五	wǔ	five
喜欢	喜歡	xǐ huan	to like
下	下	xià	below
下午	下午	xià wǔ	afternoon

下雨	下雨	xià yǔ	to rain
先生	先生	xiān sheng	mister
现在	現在	xiàn zài	now
想	想	xiǎng	to think
小	小	xiǎo	small
小姐	小姐	xiǎo jiě	miss
些	些	xiē	a few
写	寫	xiě	to write
谢谢	謝謝	xiè xie	thanks
星期	星期	xīng qī	week
学生	學生	xué shēng	student
学习	學習	xué xí	to study
学校	學校	xué xiào	school
一	一	yī	one
衣服	衣服	yī fu	clothing
医生	醫生	yī shēng	doctor
医院	醫院	yī yuàn	hospital
椅子	椅子	yǐ zi	chair
有	有	yǒu	to have
月	月	yuè	month
在	在	zài	at
再见	再見	zài jiàn	good-bye
怎么	怎麼	zěn me	how
怎么样	怎麼樣	zěn me yàng	how about
这	這	zhè	this
中国	中國	Zhōng guó	China
中午	中午	zhōng wǔ	noon
住	住	zhù	to live
桌子	桌子	zhuō zi	table
字	字	zì	Chinese character

昨天	昨天	zuó tiān	yesterday
做	做	zuò	to do
坐	坐	zuò	to sit

Level 2 Vocabulay

吧	吧	ba	suggestion
白	白	bái	white
百	百	bǎi	hundred
帮助	幫助	bāng zhù	to help
比	比	bǐ	to compare with
别	別	bié	do not
长	長	cháng	long
唱歌	唱歌	chàng gē	to sing
出	出	chū	to go out
穿	穿	chuān	to wear
船	船	chuán	boat
次	次	cì	time
从	從	cóng	from
错	錯	cuò	wrong
打篮球	打籃球	dǎ lán qiú	to play basketball
大家	大家	dà jiā	everyone
但是	但是	dàn shì	but
到	到	dào	to arrive
地	地	de	(adverbial particle)
得	得	de	(adverbial particle)
等	等	děng	to wait
弟弟	弟弟	dìdi	younger brother
第一	第一	dìyī	first
对	對	duì	right
对	對	duì	towards
房间	房間	fáng jiān	room
非常	非常	fēi cháng	very

分钟	分鐘	fēn zhōng	minute
服务员	服務員	fú	waiter
高	高	gāo	tall
告诉	告訴	gàosu	to tell
哥哥	哥哥	gēge	older brother
给	給	gěi	to give
公共汽车	公共汽車	gōng gòng qì chē	bus
公斤	公斤	gōng jīn	kilogram
公司	公司	gōng sī	company
贵	貴	guì	expensive
过	過	guò	(perfect tense)
还	還	hái	still
孩子	孩子	hái zi	child
好吃	好吃	hǎo chī	delicious
号	號	hào	number
黑	黑	hēi	black
红	紅	hóng	red
欢迎	歡迎	huān yíng	to welcome
回答	回答	huídá	to answer
机场	機場	jī chǎng	airport
鸡蛋	雞蛋	jī dàn	egg
件	件	jiàn	measure word for clothing or matters
教室	教室	jiào shì	classroom
姐姐	姐姐	jiě jie	older sister
介绍	介紹	jiè shào	to introduce
进	進	jìn	to enter
近	近	jìn	close
就	就	jiù	only

觉得	覺得	jué de	to think
咖啡	咖啡	kā fēi	coffee
开始	開始	kāi shǐ	to begin
考试	考試	kǎo shì	exam
可能	可能	kě néng	to be possible
可以	可以	kě yǐ	can
课	課	kè	lesson
快	快	kuài	quick
快乐	快樂	kuài lè	happy
累	累	lèi	tired
离	離	lí	from
两	兩	liǎng	two
路	路	lù	road
旅游	旅遊	lǚ yóu	to travel
慢	慢	màn	slow
忙	忙	máng	busy
每	每	měi	every
妹妹	妹妹	mèi mei	younger sister
男人	男人	nán rén	man
您	您	nín	you
牛奶	牛奶	niún ǎi	milk
女人	女人	nǚ rén	woman
旁边	旁邊	páng biān	side
跑步	跑步	pǎo bù	to run
便宜	便宜	pián yi	cheap
票	票	piào	ticket
漂亮	漂亮	piào liang	beautiful
妻子	妻子	qī zi	wife
起床	起床	qǐ chuáng	to get up
千	千	qiān	thousand

晴	晴	qíng	sunny
去年	去年	qùnián	last year
让	讓	ràng	to let
上班	上班	shàng bān	to go to work
身体	身體	shēn tǐ	body, health
生病	生病	shēng bìng	to get sick
生日	生日	shēng rì	birthday
时间	時間	shíjiān	time
事情	事情	shìqing	matter
手表	手錶	shǒubiǎo	watch
送	送	sòng	to give, to send
所以	所以	suǒyǐ	so
它	它	tā	it
踢足球	踢足球	tī zú qiú	to play football
题	題	tí	question
跳舞	跳舞	tiào wǔ	to dance
外	外	wài	outside
玩	玩	wán	to play
完	完	wán	to finish
晚上	晚上	wǎnshang	evening
喂	喂	wèi	hey
为什么	為什麼	wèi shén me	why
问	問	wèn	to ask
问题	問題	wèntí	question
西瓜	西瓜	xīguā	watermelon
希望	希望	xīwàng	to hope
洗	洗	xǐ	to wash
向	向	xiàng	towards
小时	小時	xiǎo shí	hour

笑	笑	xiào	to smile
新	新	xīn	new
姓	姓	xìng	family name
休息	休息	xiū xi	to rest
雪	雪	xuě	snow
颜色	颜色	yán sè	color
眼睛	眼睛	yǎnjing	eye
羊肉	羊肉	yáng ròu	lamb
药	藥	yào	medicine
要	要	yào	to want, will
也	也	yě	also
已经	已經	yǐ jīng	already
一起	一起	yī qǐ	together
意思	意思	yì si	meaning
阴	陰	yīn	cloudy
因为	因為	yīn wèi	because
游泳	游泳	yóu yǒng	to swim
右边	右邊	yòu bian	right side
鱼	魚	yú	fish
元	元	yuán	yuan
远	遠	yuǎn	far
运动	運動	yùn dòng	to work out
再	再	zài	again
早上	早上	zǎo shang	morning
张	張	zhāng	piece
丈夫	丈夫	zhàng fu	husband
找	找	zhǎo	to look for
着	著	zhe	(continuing tense)
真	真	zhēn	really

正在	正在	zhèng zài	currently
知道	知道	zhī dào	to know
准备	準備	zhǔn bèi	to prepare
自行车	自行車	zì xíng chē	bicycle
走	走	zǒu	to walk
最	最	zuì	most
左边	左邊	zuǒ bian	left side

Level 3 Vocabulay

阿姨	阿姨	ā yí	maid, auntie
啊	啊	a	ah
矮	矮	ǎi	short
爱好	愛好	ài hào	hobby
安静	安靜	ān jìng	quiet
把	把	bǎ	handle
搬	搬	bān	to move
班	班	bān	class
半	半	bàn	half
办法	辦法	bàn fǎ	method
办公室	辦公室	bàn gōng shì	office
帮忙	幫忙	bāng máng	to help
包	包	bāo	bag
饱	飽	bǎo	full
报纸	報紙	bào zhǐ	newspaper
北方	北方	běi fāng	north
被	被	bèi	by
鼻子	鼻子	bí zi	nose
比较	比較	bǐ jiào	to compare
比赛	比賽	bǐ sài	match
必须	必須	bì xū	must
变化	變化	biàn huà	change
表示	表示	biǎo shì	to express
表演	表演	biǎo yǎn	to perform
别人	別人	bié rén	others
宾馆	賓館	bīn guǎn	hotel
冰箱	冰箱	bīng xiāng	refrigerator

才	才	cái	just
菜单	菜單	cài dān	menu
参加	參加	cān jiā	to attend
草	草	cǎo	grass
层	層	céng	story
差	差	chà	bad (quality)
超市	超市	chāo shì	supermarket
衬衫	襯衫	chèn shān	shirt
成绩	成績	chéng jì	score
城市	城市	chéng shì	city
迟到	遲到	chí dào	to be late
出现	出現	chū xiàn	to appear
厨房	廚房	chú fáng	kitchen
除了	除了	chú le	except for
春	春	chūn	spring
词语	詞語	cí yǔ	word
聪明	聰明	cōng ming	clever
打扫	打掃	dǎ sǎo	to clean
打算	打算	dǎ suàn	plan
带	帶	dài	to bring
担心	擔心	dān xīn	to worry
蛋糕	蛋糕	dàn gāo	cake
当然	當然	dāng rán	surely
灯	燈	dēng	light
低	低	dī	low
地方	地方	dì fāng	local
地铁	地鐵	dì tiě	subway
地图	地圖	dì tú	map
电梯	電梯	diàn tī	elevator
电子邮件	電子郵件	diànzǐyóujiàn	email

东	東	dōng	east
冬	冬	dōng	winter
懂	懂	dǒng	to understand
动物	動物	dòng wù	animal
短	短	duǎn	short
段	段	duàn	passage
锻炼	鍛煉	duàn liàn	to work out
多么	多麼	duō me	how
饿	餓	è	to be hungry
而且	而且	ér qiě	moreover
耳朵	耳朵	ěr duo	ear
发烧	發燒	fā shāo	fever
发现	發現	fā xiàn	to discover
方便	方便	fāng biàn	convenience
放	放	fàng	to put
放心	放心	fàng xīn	to relax
分	分	fēn	to divide
附近	附近	fù jìn	neighborhood
复习	複習	fù xí	to review
干净	乾淨	gānjìng	clean
敢	敢	gǎn	to dare
感冒	感冒	gǎn mào	cold
刚才	剛才	gāng cái	just now
跟	跟	gēn	to follow
根据	根據	gēn jù	basis
更	更	gèng	more
公园	公園	gōng yuán	park
故事	故事	gù shi	story
刮风	颳風	guā fēng	to blow
关	關	guān	to shut

关系	關係	guān xì	connection, relation
关心	關心	guān xīn	to concern
关于	關於	guānyú	regarding
国家	國家	guó jiā	nation
果汁	果汁	guǒ zhī	juice
过去	過去	guò qù	past
还是	還是	hái shì	still
害怕	害怕	hài pà	to be scared
河	河	hé	river
黑板	黑板	hēi bǎn	blackboard
护照	護照	hù zhào	passport
花	花	huā	flower
花园	花園	huā yuán	garden
画	畫	huà	painting
坏	壞	huài	bad
还	還	huán	to return
环境	環境	huán jìng	environment
换	換	huàn	to change
黄	黄	huáng	yellow
会议	會議	huì yì	meeting
或者	或者	huò zhě	or
几乎	幾乎	jī hū	nearly
机会	機會	jī huì	chance
极	極	jí	badly
记得	記得	jì de	to remember
季节	季節	jì jié	season
检查	檢查	jiǎn chá	to examine
简单	簡單	jiǎn dān	simple
健康	健康	jiàn kāng	health

见面	見面	jiàn miàn	to meet
讲	講	jiǎng	to speak
教	教	jiāo	to teach
角	角	jiǎo	corner
脚	腳	jiǎo	foot
接	接	jiē	to connect
街道	街道	jiē dào	street
结婚	結婚	jié hūn	to marry
节目	節目	jié mù	program
节日	節日	jié rì	festival
结束	結束	jié shù	to finish
解决	解決	jiě jué	to solve
借	借	jiè	to borrow
经常	經常	jīng cháng	often
经过	經過	jīng guò	to pass
经理	經理	jīng lǐ	manager
久	久	jiǔ	long (time)
旧	舊	jiù	old
举行	舉行	jǔ xíng	to hold
句子	句子	jù zǐ	sentence
决定	決定	jué dìng	to decide
渴	渴	kě	thirsty
可爱	可愛	kě'ài	lovely
刻	刻	kè	to carve
客人	客人	kè rén	guest
空调	空凋	kōng tiáo	air conditioning
口	口	kǒu	mouth
哭	哭	kū	to cry
裤子	褲子	kù zi	trousers
块	塊	kuài	piece

筷子	筷子	kuài zi	chopsticks
蓝	藍	lán	blue
老	老	lǎo	old
离开	離開	lí kāi	to leave
礼物	禮物	lǐ wù	gift
历史	歷史	lì shǐ	history
脸	臉	liǎn	face
练习	練習	liàn xí	to practice
辆	輛	liàng	m. word for cars
了解	瞭解	liáo jiě	to know
邻居	鄰居	lín jū	neighbor
楼	樓	lóu	building
绿	綠	lǜ	green
马	馬	mǎ	horse
马上	馬上	mǎ shàng	at once
卖	賣	mài	to sell
满意	滿意	mǎn yì	satisfied
帽子	帽子	mào zi	hat
门	門	mén	door
米	米	mǐ	rice
面包	麵包	miàn bāo	bread
面条	麵條	miàn tiáo	noodle
明白	明白	mígbai	clear
奶奶	奶奶	nǎi nǎi	grandmother
南	南	nán	south
难	難	nán	difficult
难过	難過	nán guò	to be sad
音乐	音樂	yīn yuè	music
年级	年級	nián jí	grade

年轻	年輕	nián qīng	youth
鸟	鳥	niǎo	bird
努力	努力	nǔ lì	to put effort in
爬上	爬上	pá shāng	to climb up
盘子	盤子	pán zi	plate
胖	胖	pàng	fat
啤酒	啤酒	píjiǔ	beer
葡萄	葡萄	pú tao	grape
普通话	普通話	pǔ tōng huà	Mandarin
骑	騎	qī	to ride
奇怪	奇怪	qí guài	strange
其实	其實	qí shí	actually
其他	其他	qí tā	else
铅笔	鉛筆	qiān bǐ	pencil
清楚	清楚	qīng chǔ	clear
秋	秋	qiū	autumn
裙子	裙子	qún zi	skirt
然后	然後	rán hòu	afterwards
热情	熱情	rè qíng	enthusiasm
认真	認真	rèn zhēn	serious
容易	容易	róng yi	easy
如果	如果	rú guǒ	if
伞	傘	sǎn	umbrella
上网	上網	shàng wǎng	to get online
生气	生氣	shēng qì	to be angry
声音	聲音	shēng yīn	voice
使	使	shǐ	to make
世界	世界	shì jiè	world
手机	手機	shǒu jī	mobile phone
瘦	瘦	shòu	thin

舒服	舒服	shū fu	comfortable
叔叔	叔叔	shū shu	uncle
树	樹	shù	tree
数学	數學	shù xué	math
刷牙	刷牙	shuā yá	to brush teeth
双	雙	shuāng	pair
水平	水準	shuǐ píng	level
司机	司機	sī jī	driver
认为	認為	rèn wéi	to think
虽然	雖然	suī rán	despite
太阳	太陽	tài yang	sun
糖	糖	táng	sugar
特别	特別	tè bié	special
疼	疼	téng	pain
提高	提高	tí gāo	to improve
体育	體育	tǐ yù	PE
同事	同事	tóng shì	colleague
头发	頭髮	tóu fà	hair
突然	突然	tū rán	all of a sudden
图书馆	圖書館	tú shū guán	library
腿	腿	tuǐ	leg
完成	完成	wán chéng	to finish
碗	碗	wǎn	bowl
万	萬	wàn	ten thousand
忘记	忘記	wàng jì	to forget
为	為	wèi	for
位	位	wèi	word for people
为了	為了	wèi le	for
文化	文化	wén huà	culture
西	西	xī	west

习惯	習慣	xí guàn	custom
洗手间	洗手間	xǐ shǒu jiān	washroom
洗澡	洗澡	xǐ zǎo	to bathe
夏	夏	xià	summer
先	先	xiān	first
香蕉	香蕉	xiāng jiāo	banana
相同	相同	xiāng tóng	same
相信	相信	xiāng xìn	to believe
像	像	xiàng	as
小心	小心	xiǎo xīn	to be careful
校长	校長	xiào zhǎng	headmaster
鞋	鞋	xié	shoe
新闻	新聞	xīn wén	news
新鲜	新鮮	xīn xiān	fresh
信	信	xīn	letter
行李箱	行李箱	xíng li xiāng	suitcase
兴趣	興趣	xìng qǔ	interest
熊猫	熊貓	xióng māo	panda
需要	需要	xū yào	to need
选择	選擇	xuǎn zé	to choose
眼镜	眼鏡	yǎn jìng	glasses
要求	要求	yāo qiú	to require
爷爷	爺爺	yé ye	grandfather
一般	一般	yī bān	general
一边	一邊	yī biān	at the same time
一定	一定	yī dìng	definitely
一共	一共	yī gòng	altogether
一会儿	一會兒	yī huìr	a short period of time
一样	一樣	yīyàng	same

一直	一直	yī zhí	constantly
以后	以後	yǐ hòu	after
以前	以前	yǐ qián	before
以为	以為	yǐ wéi	to think (wrongly)
银行	銀行	yín háng	bank
应该	應該	yīng gāi	should
影响	影響	yǐng xiǎng	affection
用	用	yòng	to use
游戏	遊戲	yóu xì	game
有名	有名	yǒu míng	famous
又	又	yòu	again
遇到	遇到	yù dào	to meet
愿意	願意	yuàn yì	would like to
越	越	yuè	to get over
月亮	月亮	yuè liàng	moon
云	雲	yún	cloud
站	站	zhàn	to stand
长	長	zhǎng	to grow
着急	著急	zháo jí	to worry
照顾	照顧	zhào gù	to look after
照片	照片	zhào piàn	photo
照相机	照相機	zhào xiàng jī	camera
只	只	zhǐ	only
中间	中間	zhōng jiān	middle
终于	終於	zhōng yú	finally
种	種	zhǒng	kind
重要	重要	zhòng yào	important
周末	週末	zhō umò	weekend
主要	主要	zhǔ yào	mainly
祝	祝	zhù	to wish

注意	注意	zhù yì	attention
字典	字典	zì diǎn	dictionary
自己	自己	zì jǐ	oneself
总是	總是	zǒng shì	always
最近	最近	zuìjìn	recently
作业	作業	zuò ye	homework
作用	作用	zuò yòng	action

Level 4 Vocabulay

爱情	愛情	ài qíng	love
安排	安排	ān pái	to arrange
安全	安全	ān quán	safety
暗	暗	àn	dark
按时	按時	àn shí	to be on time
按照	按照	àn zhào	to follow
包括	包括	bāo kuò	to include
保护	保護	bǎo hù	to protect
保证	保證	bǎo zhèng	to ensure
抱	抱	bào	to embrace
报导	報導	bào dǎo	news report
报名	報名	bào míng	to sign up
抱歉	抱歉	bào qiàn	to be sorry
倍	倍	bèi	time
本来	本來	běn lái	originally
笨	笨	bèn	stupid
笔记本	筆記本	bǐ jì běn	notebook
毕业	畢業	bì yè	to graduate
遍	遍	biàn	time
标准	標準	biāo zhǔn	standard

表达	表達	biǎo dá	to express
表格	表格	biǎo gé	form
表扬	表揚	biǎo yáng	to praise
饼干	餅乾	bǐng gān	biscuit
并且	並且	bìng qiě	and
博士	博士	bó shì	doctor
不但	不但	bù dàn	not only
不得不	不得不	bù dé bù	have to
部分	部分	bù fèn	part
不管	不管	bù guǎn	despite
不过	不過	bù guò	but
不仅	不僅	bù jǐn	not only
擦	擦	cā	to rub
猜	猜	cāi	to guess
材料	材料	cái liàng	material
参观	參觀	cān guān	to visit
差不多	差不多	chà bù duō	almost
尝	嘗	cháng	to taste
长城	長城	cháng chéng	the Great Wall
长江	長江	cháng jiāng	the Changjiang River
场	場	chǎng	field
超过	超過	chāo guò	to exceed

吵	吵	chǎo	to quarrel
成功	成功	chéng gōng	to succeed
诚实	誠實	chéng shí	honest
成熟	成熟	chéng shú	ripe
成为	成為	chéng wéi	to become
乘坐	乘坐	chéng zuò	to ride
吃惊	吃驚	chī jīng	to be surprised
重新	重新	chóng xīn	again
抽烟	抽煙	chōu yān	to smoke
出差	出差	chū chāi	on a business trip
出发	出發	chū fā	to set out
出生	出生	chū shēng	birth
传真	傳真	chuán zhēn	fax
窗户	窗戶	chuāng hu	window
词典	詞典	cí diǎn	dictionary
从来	從來	cóng lái	always
粗心	粗心	cū xīn	careless
答案	答案	dá'àn	answer
打扮	打扮	dǎ bàn	to dress up
打扰	打擾	dǎ rǎo	to disturb
打印	打印	dǎ yìn	to print
打折	打折	dǎ zhé	to discount

打针	打針	dǎ zhēn	to give or take an injection
大概	大概	dà gài	general idea
大使馆	大使館	dà shǐ guǎn	embassy
大约	大約	dà yuē	about
戴	戴	dài	to wear
代表	代表	dài biǎo	representative
大夫	大夫	dài fu	doctor
代替	代替	dài tì	to replace
当	當	dāng	when
当时	當時	dāng shí	at once
当地	當地	dàng dì	local
刀	刀	dāo	knife
导游	導遊	dǎo yóu	tour guide
到处	到處	dào chù	everywhere
到底	到底	dào dǐ	on earth
道歉	道歉	dào qiàn	to apologize
得	得	dé	to get
得意	得意	dé yì	to be proud
等	等	děng	to wait
底	底	dǐ	bottom
地球	地球	dì qiú	the earth

地址	地址	dì zhǐ	address
掉	掉	diào	to drop
调查	調查	diào chá	survey
停止	停止	díng zhǐ	to stop
丢	丢	diū	to throw
动作	動作	dòng zuò	action
堵车	堵車	dǔ chē	caught in traffic
肚子	肚子	dù zǐ	belly
对面	對面	duì miàn	opposite
顿	頓	dùn	meal
朵	朵	duǒ	word for flowers
而	而	ér	while
儿童	兒童	ér tóng	children
发	發	fā	to send
发生	發生	fā shēng	to happen
发展	發展	fā zhǎn	to develop
法律	法律	fǎ lǜ	law
翻译	翻譯	fān yi	to translate
烦恼	煩惱	fán nǎo	to be worried
反对	反對	fǎn duì	to oppose
反映	反映	fǎn yìng	to reflect
范围	範圍	fàn wéi	range
方法	方法	fāng fǎ	method

方面	方面	fāng miàn	aspect
方向	方向	fāng xiàng	direction
访问	訪問	fǎng wèn	visit
放弃	放棄	fàng qì	to give up
放暑假	放暑假	fàng shǔ jià	summer vacation
分之	分之	fēn zhī	indicating a fraction
份	份	fèn	part
丰富	豐富	fēng fù	abundant
风景	風景	fēn gjǐng	scenery
否则	否則	fǒu zé	otherwise
符合	符合	fǔ hé	to fit
富	富	fù	rich
父亲	父親	fù qin	father
复印	複印	fù yìn	to copy
复杂	複雜	fù zá	complex
负责	負責	fùzé	responsible
改变	改變	gǎi biàn	change
干杯	乾杯	gān bēi	cheers
干燥	乾燥	gān zào	dry
感动	感動	gǎn dòng	to be moved
感觉	感覺	gǎn jué	feeling
感情	感情	gǎn qíng	emotion

感谢	感謝	gǎn xiè	thank
干	幹	gàn	to do
刚刚	剛剛	gāng gāng	just now
高级	高級	gāo jí	advanced
各	各	gè	each
个子	個子	gè zi	height
工具	工具	gōng jù	tool
公里	公里	gōng lí	kilo meter
工资	工資	gōng zī	salary
共同	共同	gòng tóng	common
够	夠	gòu	enough
购物	購物	gòu wù	shopping
孤单	孤單	gū dān	alone
估计	估計	gū jì	estimate
鼓励	鼓勵	gǔ lì	to encourage
鼓掌	鼓掌	gǔ zhǎng	to clap one's hands
顾客	顧客	gù kè	customer
故意	故意	gù yì	intentionally
挂	掛	guà	hang
关键	關鍵	guān jiàn	key
观众	觀眾	guān zhòng	audience
管理	管理	guǎn lǐ	to manage

光	光	guāng	light
广播	廣播	guǎng bō	broadcast
广告	廣告	guǎng gào	advertisement
逛	逛	guàng	to stroll
规定	規定	guī dìng	rule
国际	國際	guó jì	international
果然	果然	guǒ rán	as expected
过	過	guò	to pass
过程	過程	guò chéng	process
海洋	海洋	hǎi yáng	ocean
害羞	害羞	hài xiū	shy
寒假	寒假	hán jià	winter vacation
汗	汗	hàn	sweat
航班	航班	háng bān	scheduled flight
好处	好處	hǎo chù	benefit
好像	好像	hǎo xiàng	to resemble
号码	號碼	hào mǎ	number
合格	合格	hé gé	qualified
合适	合適	hé shì	suitable
盒子	盒子	hé zi	box
猴子	猴子	hóu zi	monkey
厚	厚	hòu	thick

后悔	後悔	hòu huǐ	regret
后来	後來	hòu lái	afterwards
忽然	忽然	hū rán	suddenly
护士	護士	hù shi	nurse
互相	互相	hù xiāng	mutually
怀疑	懷疑	huái yí	doubt
回忆	回憶	huí yì	recall
活动	活動	huó dòng	activity
活泼	活潑	huó pō	active
火	火	huǒ	fire
获得	獲得	huò dé	to achieve
基础	基礎	jī chǔ	foundation
激动	激動	jī dòng	to be excited
积累	積累	jī lěi	accumulation
集合	集合	jí hé	to assemble
极其	極其	jí qí	extremely
及时	及時	jí shí	in time
即使	即使	jí shǐ	even if
计划	計畫	jì huà	plan
既然	既然	jì rán	since
寄	寄	jì shǐ	to send
技术	技術	jì shu	technique
记者	記者	jì zhě	journalist

加班	加班	jiā bān	to work overtime
家具	傢俱	jiā jù	furniture
加油站	加油站	jiā yóu zhàn	gas station
假	假	jiǎ	fake
价格	價格	jià gé	price
坚持	堅持	jiān chí	to insist
减肥	減肥	jiǎn féi	to lose weight
减少	減少	jiǎn shǎo	to reduce
将来	將來	jiāng lái	future
奖金	獎金	jiǎng jīn	money award
降低	降低	jiàng dī	to lower
交	交	jiāo	to give
骄傲	驕傲	jiāo'ào	pride
交流	交流	jiāo liú	communication
交通	交通	jiāo tōng	traffic
饺子	餃子	jiǎo zi	dumplings
教授	教授	jiào shòu	professor
教育	教育	jiào yu	education
接受	接受	jiē shòu	to accept
结果	結果	jié guǒ	result
节约	節約	jiéyuē	to save
解释	解釋	jiě shì	to explain

尽管	儘管	jǐn guǎn	although
紧张	緊張	jǐn zhāng	nervous
进行	進行	jìn xíng	conduct
禁止	禁止	jìn zhǐ	to prohibit
精彩	精彩	jīng cǎi	splendidness
经济	經濟	jīng jì	economy
京剧	京劇	jīn gjù	Beijing opera
经历	經歷	jīng lì	to experience
精神	精神	jīng shén	spirit
经验	經驗	jīng yàn	experience
警察	員警	jǐng chá	police
竟然	竟然	jìn grán	unexpectedly
竞争	競爭	jìng zhēng	to compete
镜子	鏡子	jìng zi	mirror
究竟	究竟	jiū jìng	on earth
举办	舉辦	jǔ bàn	to hold
拒绝	拒絕	jù jué	to refuse
距离	距離	jù lí	distance
继续	繼續	jù xù	to continue
开玩笑	開玩笑	kāi wán xiào	to joke
看法	看法	kàn fǎ	view
考虑	考慮	kǎo lǜ	to consider

棵	棵	kē	word for trees
科学	科學	kē xué	science
咳嗽	咳嗽	ké sòu	cough
可怜	可憐	kě lián	pitiful
可惜	可惜	kě xī	It's a pity
肯定	肯定	kěn dìng	to be sure
可是	可是	ke shì	but
空气	空氣	kōng qì	air
恐怕	恐怕	kǒng pà	afraid
苦	苦	kǔ	bitter
宽	寬	kuān	wide
困	困	kùn	tired
困难	困難	kùn nan	difficulty
扩大	擴大	kuò dà	to amplify
拉	拉	lā	to pull
垃圾桶	垃圾桶	lā jī tǒng	trash-bin
辣	辣	là	hot
来不及	來不及	lái bù jí	too late to
来得及	來得及	lái dě jí	there's still time
懒	懶	lǎn	lazy
浪费	浪費	làng fèi	waste
浪漫	浪漫	làng màng	romantic

老虎	老虎	lǎo hǔ	tiger
冷静	冷靜	lěng jìng	calm
理发	理髮	lǐ fà	haircut
理解	理解	lǐ jiě	to understand
礼貌	禮貌	lǐ mào	courtesy
理想	理想	lǐ xiǎng	ideal
厉害	厲害	lì hài	shrewd
力气	力氣	lì qì	power
例如	例如	lì rú	for example
俩	倆	liǎ	two
连	連	lián	even
联系	聯繫	lián xì	contact
凉快	涼快	liáng kuai	cool
亮	亮	liàng	bright
聊天	聊天	liáo	to chat
另外	另外	lìng wài	in addition
留	留	liú	to leave something, to stay
流泪	流淚	liú lèi	to weep
流利	流利	liú lì	fluency
流行	流行	liú xíng	prevalent
留学	留學	liú xué	to study abroad
乱	亂	luàn	messy

律师	律師	lǜ shī	lawyer
麻烦	麻煩	má fan	trouble
马虎	馬虎	mǎ hu	careless
满	滿	mǎn	full
毛巾	毛巾	máo jīn	towel
美丽	美麗	měi lì	beauty
梦	夢	mèng	dream
密码	密碼	mì mǎ	password
免费	免費	miǎn fèi	free of charge
民族	民族	mín zú	ethnic group
母亲	母親	mǔ qin	mother
目的	目的	mù di	purpose
耐心	耐心	nài xīn	to be patient
难道	難道	nán dào	couldn't it be
难受	難受	nán shòu	to feel sick
内	內	nèi	inside
能力	能力	néng lì	ability
年龄	年齡	nián líng	age
内容	內容	niè róng	content
农村	農村	nóng cūn	countryside
弄	弄	nòng	to make
暖和	暖和	nuǎn huo	warm
偶尔	偶爾	ǒu'ěr	once in a while

排列	排列	pái liè	to arrange
判断	判斷	pàn duàn	to judge
陪	陪	péi	to accompany
批评	批評	pī píng	to criticize
皮肤	皮膚	pí fū	skin
脾气	脾氣	pí qi	temper
篇	篇	piān	piece
骗	騙	piǎn	to deceive
品质	品質	pǐn zhì	quality
乒乓球	乒乓球	pīng pāng qiú	ping-pong
平时	平時	píng shí	ordinarily
瓶子	瓶子	píng zi	bottle
普遍	普遍	pǔ biàn	general
破	破	puo	broken
其次	其次	qī cì	secondly
其中	其中	qī zhōng	among
起飞	起飛	qǐ fēi	to take off
起来	起來	qǐ lái	to stand up
气候	氣候	qì hòu	climate
千万	千萬	qiān wàn	for goodness' sake
签证	簽證	qiān zhèng	visa
墙	牆	qiáng	wall

敲	敲	qiāo	to knock
桥	橋	qiáo	bridge
巧克力	巧克力	qiǎo kē lì	chocolate
亲戚	親戚	qīn qi	relative
轻	輕	qīng	light
轻松	輕鬆	qīng sōng	to take it easy
情况	情況	qíng kuàng	condition
请假	請假	qǐng jià	to ask for time off
请客	請客	qǐng kè	stand treat
穷	窮	qióng	poor
区别	區別	qū bié	difference
取	取	qǔ	take
全部	全部	quán bù	whole
却	卻	què	but
缺点	缺點	quē diǎn	shortcoming
缺少	缺少	quē shǎo	to lack
确实	確實	què shí	indeed
群	群	qún	crowd
然而	然而	rán'ér	but
热闹	熱鬧	rè nao	busy
人民币	人民幣	rén mín bì	RMB
任何	任何	rèn hé	any

任务	任務	rèn wù	task
扔	扔	rēng	to throw
仍然	仍然	rén grán	still
日记	日記	rì jì	diary
入口	入口	rù kǒu	entrance
软	軟	ruǎn	soft
散步	散步	sàn bù	to take a walk
森林	森林	sēn lín	forest
沙发	沙發	shā fā	sofa
商量	商量	shāng liang	to consult, discuss
伤心	傷心	shāng xīn	sad
稍微	稍微	shāo wēi	a little
社会	社會	shè huì	society
深	深	shēn	deep
申请	申請	shēn qǐng	to apply for
甚至	甚至	shēn zhì	indeed
生活	生活	shēng huó	life
生命	生命	shēng mìng	life
省	省	shěng	province
剩	剩	shèng	to be left
失败	失敗	shī bài	to lose
师傅	師傅	shī fu	master

湿润	濕潤	shī rùn	moist
失望	失望	shī wàng	to lose hope
狮子	獅子	shī zi	lion
十分	十分	shí fēn	very
实际	實際	shí jì	reality
食品	食品	shí pǐn	food
实在	實在	shí zài	verily
使用	使用	shǐ yòng	to use
试	試	shì	to try
市场	市場	shì chǎng	market
适合	適合	shì hé	to suit
世纪	世紀	shì jì	century
适应	適應	shì ying	to accommodate
收	收	shōu	to collect
收入	收入	shōu rù	income
收拾	收拾	shōu shí	to tidy
首都	首都	shǒu dū	capital
首先	首先	shǒu xiān	first
受不了	受不了	shòu bu liǎo	not to be able to stand
受到	受到	shòu dào	to suffer, to receive
售货员	售貨員	shòu huò yuán	shop assistant
输	輸	shū	to lose

熟悉	熟悉	shú xi	acquainted with
数量	數量	shù liàng	quantity
数字	數字	shù zì	number
帅	帥	shuài	handsome
顺便	順便	shùn biàn	passingly
顺利	順利	shùn lì	smoothly
顺序	順序	shùn xu	order
说明	說明	shuō míng	explanation
硕士	碩士	shuò shì	master
死	死	sǐ	to die
速度	速度	sù dù	speed
塑料袋'	塑料袋'	sù liào dài	plastic bag
酸	酸	suān	sour
算	算	suàn	to calculate
随便	隨便	suí biàn	casual
随着	隨著	suí zhe	along with
孙子	孫子	sūn zi	grandson
所有	所有	suǒ yǒu	all
台	台	tái	word for machines
抬	抬	tái	to raise
态度	態度	tài du	attitude
条件	條件	taío jiàn	condition
谈	談	tán	to talk

弹钢琴	彈鋼琴	tán gāng qín	to play the piano
汤	湯	tāng	soup
躺	躺	tǎng	to lie
趟	趟	tàng	a time, a trip
讨论	討論	tǎo lùn	to discuss
讨厌	討厭	tǎo yàn	to hate
特点	特點	tè diǎn	characteristic
提供	提供	tí gōng	to offer
提前	提前	tí qián	ahead of schedule
提醒	提醒	tí xǐng	to remind
填空	填空	tián kòng	to fill a blank
挺	挺	tǐng	to be straight & stiff
通过	通過	tōng guò	to pass
通知	通知	tōng zhī	notice
同情	同情	tóng qíng	to sympathize
推	推	tuī	to push
推迟	推遲	tuī chí	to put off
脱	脱	tuō	to take off
袜子	襪子	wà zi	socks
完全	完全	wán quán	completely
往	往	wǎng	past
网球	網球	wǎng qiú	tennis

往往	往往	wǎng wǎng	often
网站	網站	wǎng zhàn	website
危险	危險	wēi xiǎn	dangerous
味道	味道	wèi dao	taste
温度	溫度	wēn dù	temperature
文章	文章	wén zhāng	article
握手	握手	wò shǒu	to shake hands
污染	污染	wū rǎn	to pollute
无	無	wú	not to have
无聊	無聊	wú liáo	bored
无论	無論	wú lùn	no matter what
误会	誤會	wù hui	to misunderstand
西红柿	番茄	xī hóng shì	tomato
吸引	吸引	xī yǐn	to attract
洗衣机	洗衣機	xǐ yī jī	washing machine
洗澡	洗澡	xǐ zǎo	bathe
咸	鹹	xián	salty
现代	現代	xiàn dài	modern
羡慕	羨慕	xiàn mu	envy
限制	限制	xiàn zhi	limit

香	香	xiāng	fragrant
相反	相反	xiāng fǎn	opposite
详细	詳細	xiáng xì	specific
响	響	xiǎng	to ring out
像	像	xiàng	to resemble
消息	消息	xiāo xi	message
小说	小說	xiǎo shuō	novel
效果	效果	xiào guǒ	effect
笑话	笑話	xiào hua	joke
血	血	xiě	blood
辛苦	辛苦	xīn kǔ	exhausting
心情	心情	xīn qíng	mood
信任	信任	xìn rèn	trust
信心	信心	xìn xīn	confidence
信用卡	信用卡	xìn yòng kǎ	credit card
行	行	xíng	to agree
醒	醒	xǐng	to wake up
性别	性別	xìng bié	sex
兴奋	興奮	xìng fèn	exciting
幸福	幸福	xìng fú	happiness
性格	性格	xìng gé	character
修	修	xiū	to repair

许多	許多	xǔ duō	many
压力	壓力	yā lì	pressure
牙膏	牙膏	yá gāo	toothpaste
亚洲	亞洲	yà zhōu	asia
呀	呀	ya	ah
盐	鹽	yán	salt
严格	嚴格	yán gé	strict
研究生	研究生	yán jiū shēng	postgraduate
严重	嚴重	yán zhòng	serious
演出	演出	yǎn chū	performance
演员	演員	yǎn yuán	actor
阳光	陽光	yáng guāng	sunshine
养成	養成	yǎng chéng	to cultivate
样子	樣子	yàng zi	appearance
邀请	邀請	yāo qǐng	to invite
钥匙	鑰匙	yào shi	key
也许	也許	yě xǔ	perhaps
页	頁	yè	page
叶子	葉子	yè zi	leaf
一切	一切	yī qiè	all
以	以	yǐ	according to

亿	億	yì	a hundred million
意见	意見	yì jian	opinion
艺术	藝術	yì shu	art
因此	因此	yīn cǐ	therefore
饮料	飲料	yǐn liào	drink
引起	引起	yǐn qǐ	to cause
印象	印象	yìn xiàng	impression
赢	赢	yíng	to win
硬	硬	yìng	hard
勇敢	勇敢	yǒng gǎn	brave
永远	永遠	yǒng yuǎn	forever
优点	優點	yōu diǎn	strong point
幽默	幽默	yōu mò	humorous
优秀	優秀	yōu xiù	excellence
由	由	yóu	by
尤其	尤其	yóu qí	especially
由于	由於	yóu yú	because of
友好	友好	yǒu hǎo	friendly
有趣	有趣	yǒu qù	interesting
友谊	友誼	yǒu yí	friendship
愉快	愉快	yú kuài	happy
于是	於是	yú shì	therefore

与	與	yǔ	with
语法	語法	yǔ fǎ	grammar
羽毛球	羽毛球	yǔ máo qiú	badminton
语言	語言	yǔ yán	language
预习	預習	yù xí	to prepare lessons before class
圆	圓	yuán	circle
原来	原來	yuán lái	original
原谅	原諒	yuán liàng	to forgive
原因	原因	yuán yīn	reason
约会	約會	yuē huì	date
阅读	閱讀	yuè dú	to read
允许	允許	yǔn xǔ	to allow
杂志	雜誌	zá zhì	magazine
咱们	咱們	zán men	we, us
暂时	暫時	zàn shí	temporarily
脏	髒	zāng	dirty
责任	責任	zé rèn	responsibility
增加	增加	zēng jiā	to increase
增长	增長	zēng zhǎng	to increase
窄	窄	zhǎi	narrow
招聘	招聘	zhāo pìn	invite applications for a job

真正	真正	zhēn zhèng	true
整理	整理	zhěng lǐ	to clear up
整齐	整齊	zhěng qí	orderliness
正常	正常	zhèng cháng	normal
正好	正好	zhèng hǎo	just in time
证明	證明	zhèng míng	to prove
正确	正確	zhèng què	right
正式	正式	zhèng shì	official
之	之	zhī	of
支持	支持	zhī chí	support
知识	知識	zhī shi	knowledge
值得	值得	zhí dé	to be worth
直接	直接	zhí jiē	direct
植物	植物	zhí wù	plant
职业	職業	zhí yè	occupation
只	只	zhǐ	only
指	指	zhǐ	to refer
只好	只好	zhǐ hǎo	have to
只要	只要	zhǐ yào	so long as
至少	至少	zhì shǎo	at least

制造	製造	zhì zào	to make
中文	中文	zhōng wén	Chinese language
重点	重點	zhòng diǎn	keynote
重视	重視	zhòng shi	to attach importance to
周围	周圍	zhōu wéi	around
猪	豬	zhū	pig
逐渐	逐漸	zhú jiàn	gradually
主意	主意	zhú yi	idea
主动	主動	zhǔ dòng	initiative
祝贺	祝賀	zhù hè	to congratulate
著名	著名	zhù míng	famous
专门	專門	zhuān mén	specially
专业	專業	zhuān yè	major
赚	賺	zhuàn	to earn
撞	撞	zhuàng	to hit
准确	準確	zhǔn què	exact
准时	準時	zhǔn shí	on time
仔细	仔細	zǐ xì	careful
自然	自然	zì rán	nature
总结	總結	zǒn gjié	to sum up
租	租	zū	to rent

组成	組成	zǔ chéng	to constitute
组织	組織	zǔ zhī	organization
嘴	嘴	zuǐ	mouth
最好	最好	zuì hǎo	would better
最后	最後	zuìhòu	the last
对话	對話	zuì huà	talk
尊重	尊重	zūn zhòng	respect
座	座	zuò	seat
做生意	做生意	zuò shēng yì	doing business
座位	座位	zuò wèi	seat
作者	作者	zuò zhě	author

Level 5 Vocabulay

爱护	愛護	ài hù	to care
爱惜	愛惜	ài xī	to value
爱心	愛心	ài xīn	loving heart
唉	唉	ai	alas
安慰	安慰	ān wèi	to comfort
安装	安裝	ān zhuāng	to install
岸	岸	àn	bank
把握	把握	bǎ wò	to grasp
摆	擺	bǎi	to put
班主任	班主任	bān zhǔ rèn	a teacher in charge of a class
办理	辦理	bàn lǐ	to transact
棒	棒	bàng	stick
傍晚	傍晚	bàng wǎn	evening
包裹	包裹	bāo guǒ	pack
包含	包含	bāo hán	to include
包子	包子	bāo zi	steamed stuffed bun
薄	薄	báo	thin
宝贝	寶貝	bǎo bèi	treasure
保持	保持	bǎo chí	to keep
保存	保存	bǎo cún	to save
宝贵	寶貴	bǎo guì	valuable
保留	保留	bǎo liú	to retain
保险	保險	bǎo xiǎn	to insure

报告	報告	bào gào	report
悲观	悲觀	bēi guān	pessimistic
背	背	bèi	back
背景	背景	bèi jǐng	background
被子	被子	bèi zi	blanket
本科	本科	běn kē	undergraduate course
本领	本領	běn lǐng	ability
本质	本質	běn zhì	nature
彼此	彼此	bǐ cǐ	each other
比例	比例	bǐ lì	scale
比如	比如	bǐ rú	such as
毕竟	畢竟	bì jìng	after all
避免	避免	bì miǎn	to avoid
必然	必然	bì rán	certain
必须	必須	bì xū	must
必要	必要	bì yào	necessary
编辑	編輯	biān jí	to edit
鞭炮	鞭炮	biān pào	cracker
便	便	biàn	thus
辩论	辯論	biàn lùn	to argue
标点	標點	biāo diǎn	punctuation
标志	標誌	biāo zhì	sign
表格	表格	biǎo gé	form

表面	表面	biǎo miàn	surface
表明	表明	biǎo míng	to indicate
表情	表情	biǎo qíng	expression
表示	表示	biǎo shì	to show
表现	表現	biǎo xiàn	performance
表扬	表揚	biǎo yáng	to praise
表演	表演	biǎo yǎn	to perform
别	别	bié	other
别人	別人	bié rén	others
冰箱	冰箱	bīng xiāng	refrigerator
丙	丙	bǐng	third
饼干	餅乾	bǐng gān	biscuit
并且	並且	bìng qiě	moreover
玻璃	玻璃	bōli	glass
博士	博士	bóshì	PHD
博物馆	博物館	bó wù guǎn	museum
脖子	脖子	bó zi	neck
补充	補充	bǔ chōng	to replenish
布	布	bù	cloth
不安	不安	bù'ān	uneasy
不必	不必	bù bì	to need not
不得了	不得了	bù dé liǎo	extremely
不断	不斷	bùd uàn	ceaselessly

不好意思	不好意思	bù hǎo yì si	embarrassed
不见得	不見得	bù jiàn de	not likely
部门	部門	bù mén	department
不免	不免	bù miǎn	unavoidable
不耐烦	不耐煩	bù nài fán	impatient
不然	不然	bù rán	not so
不如	不如	bù rú	not equal to
不要紧	不要緊	bù yào jǐn	unimportant
步骤	步驟	bù zhòu	step
不足	不足	bù zú	not enough
拆	拆	chāi	to excrete
财产	財產	cái chǎn	property
踩	踩	cǎi	to step on
采访	採訪	cǎi fǎng	to interview
彩虹	彩虹	cǎi hóng	rainbow
采取	採取	cǎi qǔ	to take
参考	參考	cān kǎo	to consult
餐厅	餐廳	cān tīng	restaurant
参与	參與	cān yǔ	to participate
残疾	殘疾	cán jí	physical disability
惭愧	慚愧	cán kuì	ashamed
操场	操場	cāo chǎng	playground
操心	操心	cāo xīn	worried

册	冊	cè	booklet
厕所	廁所	cè suǒ	toilet
测验	測驗	cè yàn	test
曾经	曾經	céng jīng	once
插	插	chā	to stick
差别	差別	chā béi	difference
叉子	叉子	chā zi	fork
产品	產品	chǎn pǐn	product
产生	產生	chǎn shēng	to produce
常识	常識	cháng shí	common sense
长途	長途	cháng tú	long-distance
抄	抄	chāo	to copy
朝	朝	cháo	to face
朝代	朝代	cháo dài	dynasty
炒	炒	chǎo	to stir-fry
吵架	吵架	chǎo jià	to quarrel
车库	車庫	chē kù	garage
车厢	車廂	chē xiāng	carriage
彻底	徹底	chè dǐ	thorough
沉默	沉默	chén mò	reticent
趁	趁	chèn	take advantage of
称	稱	chēng	to claim
称呼	稱呼	chēng hū	call

67

称赞	稱讚	chēng zàn	to praise
乘	乘	chéng	to ride
承担	承擔	chéng dān	to undertake
程度	程度	chéng dù	level
成分	成分	chéng fèn	composition
成果	成果	chéng guǒ	achievement
成就	成就	chéng jiù	achievement
诚恳	誠懇	chéng kěn	pure-hearted
成立	成立	chéng lì	to establish
承认	承認	chéng rèn	to admit
承受	承受	chéng shòu	to bear
程序	程序	chéng xù	procedure
成语	成語	chéng yǔ	idiom
成长	成長	chéng zhǎng	to grow up
吃亏	吃虧	chī kuī	to suffer losses
持续	持續	chí xù	to last
池子	池子	chí zi	pool
尺子	尺子	chǐ zi	rule
翅膀	翅膀	chì bǎng	wing
冲	冲	chōng	to rush
充电器	充電器	chōng diàn qì	charger

充分	充分	chōng fèn	sufficient
充满	充滿	chōng mǎn	to be filled
重复	重複	chóng fù	to repeat
宠物	寵物	chǒng wù	pet
抽屉	抽屜	chōu tì	drawer
抽象	抽象	chōu xiàng	abstract
丑	醜	chǒu	ugly
臭	臭	chòu	stink
出版	出版	chūbǎn	to publish
初级	初級	chūjí	primary
出口	出口	chū kǒu	to export
出色	出色	chū sè	outstanding
出席	出席	chū xí	to attend
除	除	chú	to divide
除非	除非	chú fēi	only if
处理	處理	chǔ lǐ	to dispose
除夕	除夕	chú xī	New Year's Eve
传播	傳播	chuán bō	to spread
传递	傳遞	chuán dì	to deliver
传染	傳染	chuán rǎn	to infect
传说	傳說	chuán shuō	legend
传统	傳統	chuán tǒng	tradition

窗户	窗戶	chuāng hu	window
闯	闖	chuǎng	to rush
创造	創造	chuàng zào	to create
吹	吹	chuī	to puff
辞职	辭職	cí zhí	to resign
此外	此外	cǐ wài	besides
磁带	磁帶	cí dài	magnetic tape
刺激	刺激	cì ji	to stimulate
次要	次要	cì yào	secondary
匆忙	匆忙	cōng máng	hastily
从此	從此	cóng cǐ	thence
从前	從前	cóng qián	formerly
从事	從事	cóng shì	to be engaged in
从而	從而	cóng'ér	thereby
醋	醋	cù	vinegar
促进	促進	cù jìn	to promote
促使	促使	cù shǐ	to precipitate
催	催	cuī	to urge
存	存	cún	to deposit
存在	存在	cún zài	to exist
错误	錯誤	cuó wù	mistake
措施	措施	cuò shī	measure
答应	答應	dā yìng	to answer

达到	達到	dá dào	to achieve
打工	打工	dǎ gōng	to work
打交道	打交道	dǎ jiāo dào	to come into contact with
打喷嚏	打噴嚏	dǎ pēn tì	to sneeze
打听	打聽	dǎ ting	to ask about
大方	大方	dà fang	generous
大象	大象	dà xiàng	elephant
大型	大型	dà xíng	large-scale
呆	呆	dāi	stupid
贷款	貸款	dài kuǎn	to grant
待遇	待遇	dài yù	treatment
单纯	單純	dān chún	pure
单调	單調	dān diào	monotonous
单独	單獨	dān dú	alone
担任	擔任	dān rèn	to fill an office
单位	單位	dān wèi	unit
耽误	耽誤	dān wù	to delay
胆小鬼	膽小鬼	dǎn xiǎo guǐ	coward
淡	淡	dàn	tasteless
单元	單元	dān yuán	unit
当代	當代	dāng dài	the present age
挡	擋	dǎng	to keep off

道理	道理	dào lǐ	principle
岛	島	dǎo	island
倒霉	倒楣	dǎo méi	to fall on evil days
导演	導演	dǎo yǎn	director
导致	導致	dǎo zhì	to result in
倒	倒	dào	to fall
到达	到達	dào dá	to arrive
道德	道德	dào dé	virtue
登机牌	登機牌	dēng jī pái	boarding check
登记	登記	dēng jì	to register
等待	等待	děng dài	to wait
等候	等候	děng hòu	to wait
等于	等於	děng yú	to equal to
滴	滴	dī	to drip
的确	的確	dí què	really
敌人	敵人	dí rén	enemy
递	遞	dì	to hand over
地道	地道	dìdào	local
地理	地理	dì lǐ	geography
地区	地區	dì qū	district
地毯	地毯	dì tǎn	carpet
地位	地位	dì wei	position
地震	地震	dì zhèn	earthquake

点头	點頭	diǎn tóu	to nod
点心	點心	diǎn xin	light refreshments
电池	電池	diàn chí	battery
电台	電臺	diàn tái	transmitter-receiver
钓	釣	diào	to fish
丁	丁	dīng	fourth
顶	頂	dǐng	top
冻	凍	dòng	freeze
洞	洞	dòng	hole
动画片	動畫片	dòng huà piàn	animation
逗	逗	dòu	to amuse
豆腐	豆腐	dòu fǔ	bean curd
独立	獨立	dú lì	to stand alone
毒素	毒素	dú sù	poison
独特	獨特	dú tè	unique
度过	度過	dù guò	to spend
短信	短信	duán xìn	message
堆	堆	duī	to pile up
对比	對比	duì bí	to contrast
对待	對待	duì dài	to treat
对方	對方	duì fāng	opposite side
对手	對手	duì shǒu	opponent
对象	對象	duì xiàng	object

对于	對於	duì yú	to
吨	噸	dūn	ton
蹲	蹲	dūn	to squat
多亏	多虧	duō kuī	to thanks to
多余	多餘	duō yú	unnecessary
躲藏	躲藏	duǒ cáng	to hide
恶劣	惡劣	è liè	vile
发表	發表	fā biǎo	to publish
发愁	發愁	fā chóu	to be anxious
发达	發達	fā dá	developed
发抖	發抖	fā dǒu	to shiver
发挥	發揮	fā huī	to express
发明	發明	fā míng	to invent
发票	發票	fā piào	invoice
发言	發言	fā yán	to speak
法院	法院	fǎ yuàn	court of justice
翻	翻	fān	to translate, to turn over
繁荣	繁榮	fán róng	flourishing
凡是	凡是	fán shì	all
反而	反而	fǎn'ér	on the contrary
反复	反復	fǎn fù	repeatedly
反映	反映	fǎn yìng	to reflect
反正	反正	fǎn zhèng	anyway

方	方	fāng	direction
方案	方案	fāng'àn	scheme
方式	方式	fāng shǐ	way
妨碍	妨礙	fáng'ài	to obstruct
房东	房東	fáng dōng	landlord
仿佛	仿佛	fǎng fú	as though
放松	放鬆	fàng sōng	to relax
非	非	fēi	must
肥皂	肥皂	féi zào	soap
肺	肺	fèi	lungs
废话	廢話	fèi huà	superfluous words
费用	費用	fèi yòng	cost
分别	分別	fēn bié	separately
分布	分佈	fēn bù	to allot
纷纷	紛紛	fēn fēn	one after another
分配	分配	fēn pèi	to distribute
分析	分析	fēn xī	to analyze
奋斗	奮鬥	fèn dòu	to struggle
愤怒	憤怒	fèn nù	indignation
风格	風格	fēng gé	style
疯狂	瘋狂	fēng kuáng	insane
风俗	風俗	fēng sú	custom
风险	風險	fēng xiǎn	risk

讽刺	諷刺	fěng cì	to satire
否定	否定	fǒu dìng	to negate
否认	否認	fǒu rèn	to deny
幅	幅	fú	word of drawing
扶	扶	fú	to support w/ hand
服从	服從	fú cóng	to obey
辅导	輔導	fǔ dǎo	to coach
服装	服裝	fú zhuāng	dress
付款	付款	fù kuǎn	to pay
妇女	婦女	fù nǚ	woman
复制	複製	fù zhì	to copy
改革	改革	gǎi gé	reform
改进	改進	gǎi jìn	to improve
改善	改善	gǎi shàn	to improve
改正	改正	gǎi zhèng	to correct
盖	蓋	gài	to cover
概括	概括	gài kuò	to summarize
概念	概念	gài niàn	concept
干脆	乾脆	gān cuì	clear-cut
感激	感激	gǎn jī	to feel grateful
赶紧	趕緊	gǎn jǐn	with all hast
赶快	趕快	gǎn kuài	with all hast
感受	感受	gǎn shòu	feeling

感想	感想	gǎn xiǎng	thoughts
干活儿	幹活兒	gàn huór	to work
钢铁	鋼鐵	gāng tiě	steel
高档	高檔	gāo dàng	top grade
高速公路	高速公路	gāo sù gōng lù	expressway
搞	搞	gǎo	to carry on
告别	告別	gào bié	to leave
胳膊	胳膊	gē bo	arm
鸽子	鴿子	gēzi	pigeon
隔壁	隔壁	gé bì	next door
革命	革命	gé mìng	revolution
格外	格外	gé wài	especially
个别	個別	gè béi	exceptional
个人	個人	gè rén	individual
个性	個性	gè xìng	individuality
各自	各自	gè zì	each
根	根	gēn	root
根本	根本	gēn běn	basic
更加	更加	gèng jiā	still further
公布	公佈	gōng bù	to promulgate
工厂	工廠	gōng chǎng	factory
工程师	工程師	gōng chéng shī	engineer

功能	功能	gōng néng	function
功夫	功夫	gōng fu	kung fu
公开	公開	gōng kāi	to public
公平	公平	gōng píng	fair
工人	工人	gōng rén	worker
工业	工業	gōng yè	industry
公寓	公寓	gōng yù	apartment
公元	西元	gōng yuán	Christian era
公主	公主	gōng zhǔ	princess
贡献	貢獻	gòng xiàn	to contribute
沟通	溝通	gōu tōng	to communicate
构成	構成	góu chéng	to constitute
姑姑	姑姑	gū gu	aunt
姑娘	姑娘	gū niang	girl
古代	古代	gǔ dài	ancient time
古典	古典	gǔ diǎn	classical
古老	古老	gǔ lǎo	old
股票	股票	gǔ piào	stock
骨头	骨頭	gǔ tou	bone
鼓舞	鼓舞	gǔ wǔ	to encourage
固定	固定	gù dìng	fixed
固体	固體	gù tǐ	solid
雇佣	雇傭	gù yōng	to hire

挂号	掛號	guà hào	to register
乖	乖	guāi	clever
拐弯	拐彎	guǎi wān	to turn off
怪不得	怪不得	guài bù dé	no wonder
关	關	guān	to close
关闭	關閉	guān bì	to shut
观察	觀察	guān chá	to watch
观点	觀點	guān diǎn	point of view
关怀	關懷	guān huái	to show loving care
观念	觀念	guān niàn	sense
冠军	冠軍	guàn jūn	champion
罐头	罐頭	guàn tou	tin
管子	管子	guǎn zi	tube
光盘	光盤	guāng pán	DVD disk
光滑	光滑	guāng huá	smooth
光临	光臨	guāng lín	presence
光明	光明	guāng míng	luminosity
光荣	光榮	guāng róng	honor
广场	廣場	guǎng chǎng	plaza
广大	廣大	guǎng dà	vast
广泛	廣泛	guǎng fàn	abroad
规矩	規矩	guī ju	rule

规律	規律	guī lǜ	regular
规模	規模	guī mó	scale
规则	規則	guī zé	rule
柜台	櫃檯	guì tái	counter
滚	滾	gǔn	to roll
锅	鍋	guō	pan
国籍	國籍	guó jí	nationality
国庆节	國慶日	guó qìng jié	National Day
果实	果實	guǒ shí	fruit
过分	過分	guò fèn	excessive
过敏	過敏	guò mǐn	to be allergic
过期	過期	guò qī	to past due
哈	哈	hā	ah
海关	海關	hǎi guān	customs
海鲜	海鮮	hǎi xiān	seafood
喊	喊	hǎn	to shout
航行	航行	háng xíng	sailing
豪华	豪華	háo huá	luxury
好奇	好奇	hào qí	curious
何必	何必	hé bì	there is no need
合法	合法	hé fǎ	legal
何况	何況	hé kuàng	much less
合理	合理	hé lǐ	reasonable

和平	和平	hé píng	peace
合同	合同	hé tong	contract
核心	核心	hé xīn	core
合影	合影	hé yǐng	to take photo together
合作	合作	hé zuò	to collaborate
恨	恨	hèn	to hate
横	横	héng	horizontal
后果	後果	hòu guǒ	consequence
忽视	忽視	hū shì	to ignore
呼吸	呼吸	hū xī	to breathe
壶	壺	hú	pot
蝴蝶	蝴蝶	hú dié	butterfly
胡说	胡說	hú shuō	to talk nonsense
胡同	胡同	hú tòng	alleyway
胡涂	糊塗	hú tu	muddled
胡须	鬍鬚	hú xū	beard
花生	花生	huā shēng	peanut
滑冰	滑冰	huá bīng	ice-skating
划船	划船	huá chuán	to row
华裔	華裔	huá yì	foreign citizen of Chinese origin
话题	話題	huà tí	topic
化学	化學	huà xué	chemistry

怀念	懷念	huái niàn	to cherish the memory of
缓解	緩解	huǎn jiě	to ease
幻想	幻想	huàn xiǎng	delusion
慌张	慌張	huāng zhāng	flurried
皇帝	皇帝	huáng dì	emperor
黄瓜	黃瓜	huáng guā	cucumber
皇后	皇后	huáng hòu	queen
黄金	黃金	huáng jīn	gold
灰	灰	huī	dust
挥	揮	huī	to wave
灰尘	灰塵	huī chén	dust
恢复	恢復	huī fù	to recover
灰心	灰心	huī xīn	to be discouraged
汇率	匯率	huì lǜ	exchange rate
婚礼	婚禮	hūn lǐ	wedding
婚姻	婚姻	hūn yīn	marriage
活泼	活潑	huó pō	active
伙伴	夥伴	huǒ bàn	partner
火柴	火柴	huǒ chái	match
基本	基本	jī běn	basic
激烈	激烈	jī liè	intense
机器	機器	jī qì	machine

肌肉	肌肉	jī ròu	muscle
及格	及格	jí gé	to pass a test
急忙	急忙	jí máng	in a hurry
集体	集體	jí tǐ	collectivity
集中	集中	jí zhōng	to concentrate
系领带	系領帶	jì lǐng dài	to tie
记录	記錄	jì lù	to take notes
纪律	紀律	jì lǜ	discipline
寂寞	寂寞	jì mò	loneliness
纪念	紀念	jì niàn	to commemorate
既然	既然	jì rán	since
计算	計算	jì suàn	to calculate
继续	繼續	jì xù	to continue
记忆	記憶	jì yì	memory
嘉宾	嘉賓	jiā bīn	honored guest
家庭	家庭	jiā tíng	family
家务	家務	jiā wù	housework
家乡	家鄉	jiā xiāng	hometown
驾驶	駕駛	jià shǐ	to drive
夹子	夾子	jiá zi	clamp
甲	甲	jiǎ	first
假如	假如	jiǎ rú	if
假装	假裝	jiǎ zhuāng	to pretend

嫁	嫁	jià	to marry a husband
价值	價值	jià zhí	value
煎	煎	jiān	to fry in shallow oil
肩膀	肩膀	jiān bǎng	shoulder
艰巨	艱巨	jiān jù	arduous
坚决	堅決	jiān jué	firm
艰苦	艱苦	jiān kǔ	difficult
坚强	堅強	jiān qiáng	strong
尖锐	尖銳	jiān ruì	sharp
捡	撿	jiǎn	to pick up
剪刀	剪刀	jiǎn dāo	scissors
简历	簡歷	jiǎn lì	resume
简直	簡直	jiǎn zhí	simply
建立	建立	jiàn lì	to set up
键盘	鍵盤	jiàn pán	keyboard
建设	建設	jiàn shè	to build
健身房	健身房	jiàn shēn fáng	gymnasium
建议	建議	jiàn yì	to advise
建筑	建築	jiàn zhù	building
经典	經典	jīng diǎn	classic
讲究	講究	jiǎng jiū	to be particular about
降落	降落	jiàng luò	to land

酱油	醬油	jiàng yóu	soy sauce
讲座	講座	jiǎng zuò	lecture
浇	澆	jiāo	to irrigate
交换	交換	jiāo huán	to exchange
交际	交際	jiāo jì	communication
郊区	郊區	jiāo qū	suburbs
胶水	膠水	jiāo shuǐ	glue
角度	角度	jiǎo dù	angle
狡猾	狡猾	jiǎo huá	cunning
教材	教材	jiào cái	teaching material
教练	教練	jiào liàn	coach
教训	教訓	jiào xun	to teach somebody a lesson
接触	接觸	jiē chù	to contact
接待	接待	jiē dài	to receive
阶段	階段	jiē duàn	phase
接近	接近	jiē jìn	to approach
结实	結實	jiē shi	strong
接着	接著	jiē zhe	follow
结构	結構	jié gòu	structure
结合	結合	jié hé	to combine
结论	結論	jié lùn	conclusion
节省	節省	jié shěng	to save
结账	結帳	jié zhàng	to settle accounts

解放	解放	jiě fàng	to liberate
解说员	解說員	jiě shuō yuán	announcer
届	屆	jiè	conferences
节	節	jié	word for classes
借口	藉口	jiè kǒu	excuse
戒烟	戒煙	jiè yān	to quit smoking
戒指	戒指	jiè zhi	ring
金属	金屬	jīn shǔ	metal
紧	緊	jǐn	strict
尽管	儘管	jìn guǎn	feel free to
紧急	緊急	jǐn jí	urgent
谨慎	謹慎	jǐn shèn	prudent
进步	進步	jìn bù	to advance
近代	近代	jìn dài	modern times
进口	進口	jìn kǒu	to import
尽力	盡力	jìn lì	to try one's best
尽量	儘量	jìn liàng	as much as possible
进行	進行	jìn xíng	to proceed
精彩	精彩	jīng cǎi	splendid
经常	經常	jīng cháng	often
经典	經典	jīng diǎn	classics
经过	經過	jīng guò	to pass
经历	經歷	jīng lì	to go through

精神	精神	jīng shen	spirit
经营	經營	jīng yíng	to manage
景色	景色	jǐng sé	scenery
敬爱	敬愛	jìng ài	to respect and love
酒吧	酒吧	jiǔ bā	bar
救	救	jiù	to rescue
救护车	救護車	jiù hù chē	ambulance
舅舅	舅舅	jiù jiu	uncle
居然	居然	jū rán	unexpectedly
桔子	桔子	jú zi	orange
举	舉	jǔ	to lift
具备	具備	jù bèi	to possess
巨大	巨大	jù dà	huge
聚会	聚會	jù huì	party
俱乐部	俱樂部	jù lè bù	club
据说	據說	jù shuō	it is said
具体	具體	jù tǐ	specific
捐	捐	juān	to donate
卷	卷	juǎn	measure word
决定	決定	jué dìng	to decide
绝对	絕對	jué duì	absolutely
决赛	決賽	jué sài	finals of a competition
角色	角色	jué sè	role

决心	決心	jué xīn	determination
军事	軍事	jūn shì	military affairs
均匀	均勻	jūn yún	equality
卡车	卡車	kǎ chē	lorry
开发	開發	kāi fā	to develop
开放	開放	kāi fàng	open to public use
开幕式	開幕式	kāi mù shì	opening ceremony
开心	開心	kāi xīn	feel happy
砍	砍	kǎn	to chop
看不起	看不起	kàn bu qǐ	to look down upon
看来	看來	kàn lái	it seems
抗议	抗議	kàng yì	to protest
烤鸭	烤鴨	kǎo yā	roast duck
颗	顆	kē	measure word
可见	可見	kě jiàn	it is thus clear that
可靠	可靠	kě kào	reliable
可怕	可怕	kě pà	horrible
克	克	kè	gram
课程	課程	kè chéng	curriculum
克服	克服	kè fú	to overcome
客观	客觀	kè guān	impersonality
刻苦	刻苦	kè kǔ	assiduous
客人	客人	kè rén	guest

客厅	客廳	kè tīng	living room
空间	空間	kōng jiān	space
空闲	空閒	kòng xián	idle
控制	控制	kòng zhì	to control
恐怖	恐怖	kǒng bú	terrifying
口味	口味	kǒu wèi	taste
夸	誇	kuā	to boast
会计	會計	kuàiji	accounting
矿泉水	礦泉水	kuàng quán shuǐ	mineral water
困难	困難	kùn nan	difficulty
扩大	擴大	kuò dà	expansion
垃圾桶	垃圾桶	lā jī tǒng	trash can
辣椒	辣椒	là jiāo	cayenne pepper
蜡烛	蠟燭	làz hú	candle
来自	來自	lái zì	to come from
拦	攔	lán	to block
烂	爛	làn	to rot
狼	狼	láng	wolf
浪费	浪費	làng fèi	to waste
劳动	勞動	láo dòng	to labour
劳驾	勞駕	láo jià	excuse me
老百姓	老百姓	lǎo bǎi xìng	civilians

老板	老闆	lǎo bǎn	boss
姥姥	姥姥	lǎo lao	grandmother
老实	老實	lǎo shi	honest
老鼠	老鼠	lǎo shǔ	mouse
乐观	樂觀	lè guān	optimistic
雷	雷	léi	thunder
类	類	lèi	class
梨	梨	lí	pear
离婚	離婚	lí hūn	to divorce
厘米	釐米	lí mǐ	centimeter
礼拜天	禮拜天	lǐ bài tiān	Sunday
理论	理論	lǐ lùn	theory
理由	理由	lǐ yóu	reason
粒	粒	lì	grain
立方	立方	lì fāng	cube
立即	立即	lì jí	promptly
立刻	立刻	lì kè	immediately
力量	力量	lì liang	physical strength
利润	利潤	lì rùn	profit
利息	利息	lì xi	accrual
利用	利用	lì yòng	to use
俩	倆	liǎ	two
连	連	lián	even

联合	聯合	lián hé	to unite
连忙	連忙	lián máng	promptly
连续剧	連續劇	lián xù jù	sitcom
恋爱	戀愛	liàn ài	love
良好	良好	liáng hǎo	favorable
粮食	糧食	liáng shi	grain
凉快	涼快	liǎng kuai	nice and cool
了不起	了不起	liǎo bu qǐ	amazing
聊天	聊天	liáo tiān	chat
临时	臨時	lín shí	temporary
铃	鈴	líng	bell
领导	領導	lǐng dǎo	lead
灵活	靈活	líng huó	nimble
零件	零件	líng jiàn	element
零钱	零錢	líng qián	small change
零食	零食	ling shí	snacks
领域	領域	lǐng yù	territory
流传	流傳	liú chuán	to spread
浏览	流覽	liú lǎn	to browse
龙	龍	lóng	dragon
漏	漏	lòu	to leak
露	露	lù	to reveal
陆地	陸地	lù dì	land

录取	錄取	lù qǔ	to matriculate
陆续	陸續	lù xù	in succession
录音	錄音	lù yīn	to tape
轮流	輪流	lún liú	take turns
论文	論文	lùn wén	thesis
逻辑	邏輯	luó jì	logic
落后	落後	luò hòu	to fall behind
骂	罵	mà	to abuse
麦克风	麥克風	mài ke fēng	microphone
馒头	饅頭	mán tou	steamed bread
满足	滿足	mǎn zú	to satisfy
毛	毛	máo	fur
矛盾	矛盾	máo dùn	contradiction
冒险	冒險	mào xiǎn	adventure
贸易	貿易	mào yì	trade
眉毛	眉毛	méi mao	eyebrow
煤炭	煤炭	méi tàn	coal
美术	美術	měi shù	the fine arts
魅力	魅力	mèi lì	glamour
迷路	迷路	mí lù	to miss one's way
谜语	謎語	mí yǔ	riddle
蜜蜂	蜜蜂	mì fēng	honeybee
秘密	秘密	mì mi	secret

密切	密切	mì qiè	frequent
秘书	秘書	mì shu	secretary
棉花	棉花	mián huā	cotton
面对	面對	miàn duì	to face
面积	面積	miàn ji	acreage
面临	面臨	miàn lín	to face
面条	麵條	miàn tiáo	noodle
描写	描寫	miáo xiě	to describe
秒	秒	miǎo	second
民主	民主	mín zhǔ	democracy
毛病	毛病	máo bing	illness
目录	目錄	mù lù	catalogue
目前	目前	mù qián	at present
木头	木頭	mù tou	wood
拿	拿	ná	to fetch
哪怕	哪怕	nǎ pà	even
难看	難看	nán kàn	ugly
脑袋	腦袋	nǎodai	head
内科	內科	nèi kē	medical dept
嫩	嫩	nèn	delicate
能干	能幹	néng gàn	capable
能源	能源	néng yuán	energy
年代	年代	nián dài	years

年纪	年紀	nián ji	age
念	念	niàn	to read aloud
宁可	寧可	nìng kě	would rather
牛仔裤	牛仔褲	niú zǎi kù	close-fitting pants
浓	濃	nóng	dense
农民	農民	nóngmín	peasant
农业	農業	nóng yè	agriculture
女士	女士	nǚ shì	lady
偶然	偶然	ǒu rán	accidental
拍	拍	pāi	to pat
派	派	pài	to dispatch
排队	排隊	pái duì	to line up
排球	排球	pái qiú	volleyball
盼望	盼望	pàn wàng	hope for
赔偿	賠償	péi cháng	to compensate for
培养	培養	péi yǎng	to foster
佩服	佩服	pèi fu	to admire
配合	配合	pèi hé	to coordinate
盆	盆	pén	pot
碰见	碰見	pèng jiàn	to come across
披	披	pī	to wrap around
匹	匹	pǐ	measure word
批	批	pī	measure word

批评	批評	pīping	to criticize
批准	批准	pī zhǔn	to ratify
疲劳	疲勞	pí láo	tired
脾气	脾氣	pí qi	temper
皮鞋	皮鞋	pí xié	leather shoes
片	片	piàn	measure word
片面	片面	piàn miàn	unilateral
飘	飄	piāo	to flutter
频道	頻道	pín dào	channel
品种	品種	pǐn zhǒng	variety
平	平	píng	flat
凭	憑	píng	in the name of
平常	平常	píng cháng	mediocrity
平等	平等	píng děng	equal
平方	平方	píng fāng	square
平衡	平衡	píng héng	balance
评价	評價	píng jià	to appraise
平静	平靜	píng jìng	calm
平均	平均	píng jūn	average
破产	破產	pò chǎn	to go bankrupt
破坏	破壞	pò huài	to destroy
迫切	迫切	pò qiè	urgent
朴素	樸素	pǔ sù	frugal

期待	期待	qī dài	to anticipate
期间	期間	qī jiān	time
奇迹	奇跡	qí jì	miracle
其余	其餘	qí yú	the others
启发	啟發	qǐ fā	to arouse
企图	企圖	qǐ tú	to attempt
企业	企業	qǐ yè	enterprise
气氛	氣氛	qì fēn	atmosphere
汽油	汽油	qì yóu	gasoline
牵	牽	qiān	to pull
谦虚	謙虛	qiān xū	modest
签字	簽字	qiān zì	to sign
前途	前途	qián tú	future
浅	淺	qiǎn	shallow
欠	欠	qiàn	to owe
强调	強調	qiáng diào	to emphasize
强烈	強烈	qiáng liè	intense
枪	槍	qiāng	gun
抢	搶	qiǎng	to rob
悄悄	悄悄	qiāo qiāo	quietly
瞧	瞧	qiáo	to look
巧妙	巧妙	qiǎo miào	ingenious
切	切	qiē	to chop

亲爱	親愛	qīn'ài	dear
侵略	侵略	qīn lüè	to invade
亲切	親切	qīn qiè	cordial
亲自	親自	qīn zì	personally
勤奋	勤奮	qín fèn	diligent
勤劳	勤勞	qín láo	industrious
青	青	qīng	blueness
青春	青春	qīng chūn	youth
清淡	清淡	qīng dàn	light
青少年	青少年	qīng shào nián	teen-agers
轻视	輕視	qīng shì	to despise
情景	情景	qíng jǐng	scene
情绪	情緒	qíng xù	mood
请求	請求	qǐng qiú	request
庆祝	慶祝	qìng zhù	to celebrate
球迷	球迷	qiú mí	fan
趋势	趨勢	qū shì	trend
娶	娶	qǔ	to marry (a wife)
取消	取消	qǔ xiāo	to cancel
去世	去世	qù shì	to die
圈	圈	quān	circle
权利	權利	quán lì	right
全面	全面	quán miàn	comprehensive

劝	勸	quàn	to advise
缺乏	缺乏	quē fá	to be short of
确定	確定	què dìng	to confirm
确认	確認	què rèn	to affirm
燃烧	燃燒	rán shāo	to burn
嚷	嚷	rǎng	to shout
绕	繞	rào	to reel
热爱	熱愛	rè ài	to ardently love
热烈	熱烈	rè liè	warm
热心	熱心	rè xīn	enthusiastic
人才	人才	rén cái	person with ability
人口	人口	rén kǒu	population
人类	人類	rén lèi	human
人生	人生	rén shēng	life
人事	人事	rén shì	personnel
人物	人物	rén wù	figure
人员	人員	rén yuán	personnel
忍不住	忍不住	rěn bu zhù	unable to bear
日常	日常	rì cháng	everyday
日程	日程	rì chéng	agenda
日历	日曆	rì lì	calendar
日期	日期	rì qī	date
日用品	日用品	rì yòng pǐn	articles of everyday use

融化	融化	róng huà	to melt
荣幸	榮幸	róng xìng	be honored
荣誉	榮譽	róng yù	honor
如何	如何	rú hé	how
如今	如今	rú jīn	nowadays
软件	軟體	ruǎn jiàn	software
弱	弱	ruò	weak
洒	灑	sǎ	to sprinkle
嗓子	嗓子	sǎng zi	voice, throat
杀	殺	shā	to kill
沙漠	沙漠	shā mò	desert
沙滩	沙灘	shā tān	beach
傻	傻	shǎ	stupid
晒	曬	shài	to sun
删除	刪除	shān chú	to delete
闪电	閃電	shǎn diàn	lightning
善良	善良	shàn liáng	goodness
善于	善於	shàn yú	to be good at
扇子	扇子	shàn zi	fan
商品	商品	shāng pǐn	commodity
商业	商業	shāng yè	commerce
上当	上當	shàng dàng	to be fooled
勺子	勺子	sháo zi	spoon

蛇	蛇	shé	snake
舌头	舌頭	shé tou	tongue
舍不得	捨不得	shě bu dé	to hate to part with or use
设备	設備	shè bèi	equipment
射击	射擊	shè jī	to shoot
设计	設計	shè jì	to devise
设施	設施	shè shī	installation
摄影	攝影	shè yǐng	photography
身材	身材	shēn cái	stature
身份	身份	shēn fèn	identity
深刻	深刻	shēn kè	deep
伸	伸	shēn	to stretch
神话	神話	shén huà	mythology
神经	神經	shén jīng	nerve
神秘	神秘	shén mì	mysterious
升	升	shēng	to rise
生产	生產	shēng chǎn	to produce
声调	聲調	shēng diào	tone
生动	生動	shēng dòng	lively
绳子	繩子	shéng zi	string
省略	省略	shěng lüè	to leave out
胜利	勝利	shèng lì	victory

诗	詩	shī	poem
失眠	失眠	shī mián	insomnia
失去	失去	shī qù	to lose
失业	失業	shī yè	to lose one's job
时代	時代	shí dài	times
实话	實話	shí huà	truth
实践	實踐	shí jiàn	practice
时刻	時刻	shí kè	moment
时髦	時髦	shí máo	fashionable
时期	時期	shí qī	period
时尚	時尚	shí shàng	fashion
石头	石頭	shí tou	stone
食物	食物	shí wù	food
实习	實習	shí xí	to practice
实现	實現	shí xiàn	to realize
实行	實行	shí xíng	to put into practice
实验	實驗	shí yàn	experiment
实用	實用	shí yòng	practical
使劲儿	使勁兒	shǐ jìnr	to exert all one's strength
始终	始終	shǐ zhōng	beginning to end
士兵	士兵	shì bīng	soldier
似的	似的	shì de	seem as if
是否	是否	shì fǒu	whether

试卷	試卷	shì juàn	examination paper
寿命	壽命	shòu mìng	life span
受伤	受傷	shòu shāng	to suffer injuries
蔬菜	蔬菜	shū cài	vegetables
书架	書架	shū jià	bookshelf
输入	輸入	shū rù	to input
舒适	舒適	shū shì	comfortable
梳子	梳子	shū zi	comb
熟练	熟練	shú liàn	skilled
鼠标	滑鼠	shǔ biāo	mouse
数据	數據	shù jù	data
属于	屬於	shǔ yú	to belong to
数码	數碼	shù mǎ	digital
摔	摔	shuāi	to fall
甩	甩	shuǎi	to swing
双方	雙方	shuāng fāng	both sides
税	稅	shuì	tax
说不定	說不定	shuō bu dìng	perhaps
说服	說服	shu ìfú	to persuade
撕	撕	sī	to tear
丝绸	絲綢	sī chóu	silk
丝毫	絲毫	sī háo	a bit

思考	思考	sī kǎo	to think deeply
私人	私人	sī rén	private
思想	思想	sī xiǎng	thought
似乎	似乎	sì hū	it seems
寺庙	寺廟	sì miào	temple
宿舍	宿舍	sù shě	roommate
随时	隨時	suí shí	at any time
碎	碎	suì	to break down
损失	損失	sǔn shī	loss
所谓	所謂	suǒ wèi	so called
锁	鎖	suǒ	lock
所	所	suǒ	place
缩小	縮小	suō xiǎo	to reduce
塔	塔	tǎ	tower
台阶	臺階	tái jiē	stair
太极拳	太極拳	tài jí quán	tai chi
太太	太太	tài tai	Mrs.
谈判	談判	tán pàn	negotiation
坦率	坦率	tǎn shuài	candid
烫	燙	tàng	to burn
桃	桃	táo	peach
逃	逃	táo	to flee
逃避	逃避	táobì	to escape

套	套	tào	measure word
特殊	特殊	tè shū	special
特意	特意	tè yì	specially
特征	特徵	tè zhēng	tincture
疼爱	疼愛	téng'ài	to be very fond of
题	題	tí	question
提倡	提倡	tí chàng	to advocate
提纲	提綱	tí gāng	outline
题目	題目	tí mù	title
提问	提問	tí wèn	to ask a question
体会	體會	tǐ huì	know through learning experience
体积	體積	tǐ jī	volume
体贴	體貼	tǐ tiē	show consideration
体现	體現	tǐ xiàn	to embody
体验	體驗	tǐ yàn	to experience
天空	天空	tiān kōng	sky
天真	天真	tiān zhēn	naive
田野	田野	tián yě	field
调皮	調皮	tiáo pí	naughty
挑战	挑戰	tiǎo zhàn	challenge
通常	通常	tōng cháng	generally
通讯	通訊	tōng xùn	communication

铜	銅	tóng	copper
同时	同時	tóng shí	meanwhile
痛苦	痛苦	tòng kǔ	pain
痛快	痛快	tòng kuai	joyful
统一	統一	tǒng yī	to unify
统治	統治	tǒng zhì	to control
投资	投資	tóu zī	to invest
透明	透明	tòu míng	transparent
突出	突出	tū chū	to extrude
土地	土地	tǔd dì	land
土豆	土豆	tǔ dòu	potato
吐	吐	tù	to spit
兔子	兔子	tù zi	rabbit
团	團	tuán	round
推辞	推辭	tuī cí	to decline
推荐	推薦	tuī jiàn	to recommend
退	退	tuì	to recede
退步	退步	tuì bù	to retrogress
退休	退休	tuì xiū	to retire
歪	歪	wāi	slanting
外交	外交	wài jiāo	diplomacy
弯	彎	wān	bend
玩具	玩具	wán jù	toy

完美	完美	wán měi	perfect
完善	完善	wán shàn	consummate
完整	完整	wán zhěng	full
万一	萬一	wàn yī	just in case
往返	往返	wǎng fǎn	to go back and forth
王子	王子	wáng zǐ	prince
危害	危害	wēi hài	harm
微笑	微笑	wēi xiào	smile
威胁	威脅	wēi xié	to threaten
违反	違反	wéi fǎn	to violate
维护	維護	wéi hù	to maintain
围巾	圍巾	wéi jīn	scarf
围绕	圍繞	wéi rào	to surround
唯一	唯一	wéi yī	only
尾巴	尾巴	wěi ba	tail
伟大	偉大	wěi dà	great
委屈	委屈	wěi qu	to feel wronged
委托	委託	wěi tuō	to entrust
胃	胃	wèi	stomach
未必	未必	wèi bì	may not
未来	未來	wèi lái	future
卫生间	衛生間	wèi shēng jiān	washroom
位置	位置	wè izhi	location

温度	溫度	wēn dù	temperature
温柔	溫柔	wēn róu	gentle
闻	聞	wén	to smell
文件	文件	wén jiàn	document
文具	文具	wén jù	stationary
文明	文明	wén míng	civilization
文学	文學	wén xué	literature
吻	吻	wěn	to kiss
稳定	穩定	wěn dìng	stable
问候	問候	wèn hòu	extend greetings to
卧室	臥室	wò shì	bedroom
屋子	屋子	wū zi	house
无奈	無奈	wú nài	cannot help but
无数	無數	wú shù	innumerable
武器	武器	wǔ qì	weapon
武术	武術	wǔ shù	wushu
雾	霧	wù	fog
物理	物理	wù lǐ	physics
物质	物質	wù zhì	matter
吸收	吸收	xī shōu	to absorb
系	系	jì	to tie
细节	細節	xì jié	details
戏剧	戲劇	xì jù	drama

系统	系統	xì tǒng	system
瞎	瞎	xiā	blind
吓	嚇	xià	to threaten
下载	下載	xià zǎi	to download
显得	顯得	xiǎn de	to appear
显然	顯然	xiǎn rán	obvious
显示	顯示	xiǎn shì	to show
现金	現金	xiàn jīn	cash
现实	現實	xiàn shí	reality
现象	現象	xiàn xiàng	phenomenon
相处	相處	xiāng chù	to get along with
相当	相當	xiāng dāng	to match
相对	相對	xiāng duì	relatively
相关	相關	xiāng guān	to be related to
相似	相似	xiāng sì	to resemble
想念	想念	xiǎng niàn	to miss
享受	享受	xiǎng shòu	to enjoy
想象	想像	xiǎng xiàng	to imagine
项	項	xiàng	term
项链	項鍊	xiàng liàn	necklace
项目	項目	xiàng mu	project
橡皮	橡皮	xiàng pí	eraser
象棋	象棋	xiàng qí	chess

象征	象徵	xiàng zhēng	to symbolize
消费	消費	xiāo fèi	consumption
消化	消化	xiāo huà	to digest
消灭	消滅	xiāo miè	to perish
消失	消失	xiāo shī	to disappear
销售	銷售	xiāo shòu	to sell
小伙子	小夥子	xiǎo huǒ zi	youngster
小麦	小麥	xiǎo mài	wheat
小气	小氣	xiǎo qì	stingy
小偷	小偷	xiǎo tōu	thief
效率	效率	xiào lǜ	productiveness
孝顺	孝順	xiào shun	filial
歇	歇	xiē	to rest
斜	斜	xié	inclined
协调	協調	xié tiáo	to harmonize
心理	心理	xīnlǐ	psychology
欣赏	欣賞	xīn shǎng	to appreciate
鲜艳	鮮豔	xiān yàn	Bright-colored
心脏	心臟	xīn zàng	heart
信封	信封	xìn fēng	envelope
信号	信號	xìn hào	signal
信息	信息	xìn xī	information
行成	行成	xíng chéng	to become

行动	行動	xíng dòng	act
行人	行人	xíng rén	pedestrian
形容	形容	xíng róng	to describe
形式	形式	xíng shì	form
形势	形勢	xíng shì	terrain
行为	行為	xíng wéi	action
形象	形象	xíng xiàng	image
形状	形狀	xíng zhuàng	form
幸亏	幸虧	xìng kuī	luckily
幸运	幸運	xìng yùn	lucky
性质	性質	xìng zhi	quality
胸	胸	xiōng	chest
兄弟	兄弟	xiōng dì	brothers
雄伟	雄偉	xión gwěi	grand
修改	修改	xiū gǎi	to alter
休闲	休閒	xiū xián	relax
小吃	小吃	xiǎo chī	snack
虚心	虛心	xū xīn	modest
叙述	敘述	xùs hù	to recount
宣布	宣佈	xuān bù	to declare
宣传	宣傳	xuān chuán	to propagandize
选举	選舉	xuǎn jǔ	election

学期	學期	xué qī	term
学术	學術	xué shù	science
学问	學問	xué wen	knowledge
询问	詢問	xún wèn	to enquire
寻找	尋找	xún zhǎo	to seek
训练	訓練	xùn liàn	to train
迅速	迅速	xùn sù	rapid
延长	延長	yán cháng	to extend
严肃	嚴肅	yán sù	serious
宴会	宴會	yàn huì	banquet
阳台	陽臺	yáng tái	balcony
痒	癢	yǎng	itch
样式	樣式	yàng shì	style
腰	腰	yāo	waist
摇	搖	yáo	to shake
咬	咬	yǎo	to bite
要不	要不	yào bù	otherwise
要是	要是	yào shì	if
夜	夜	yè	night
业务	業務	yè wù	operation
液体	液體	yè tǐ	liquid
业余	業餘	yè yú	spare
义务	義務	yì wù	duty

依然	依然	yī rán	still
一辈子	一輩子	yī bèi zi	a lifetime
一旦	一旦	yī dàn	once
移动	移動	yí dòng	to move
遗憾	遺憾	yí hàn	pity
一路平安	一路平安	yī lù píng ān	have a pleasant journey
移民	移民	yí mín	to immigrate
疑问	疑問	yí wèn	doubt
一致	一致	yī zhì	identical
乙	乙	yǐ	second person
以及	以及	yǐ jí	as well as
以来	以來	yǐ lái	since
议论	議論	yì lùn	to discuss
意外	意外	yì wài	unexpected
意义	意義	yì yì	meaning
调整	調整	tiáo zhěng	to adjust
因而	因而	yīn'ěr	thus
因素	因素	yīn sù	factor
银	銀	yín	silver
英俊	英俊	yīng jùn	handsome
英雄	英雄	yīng xióng	hero
应用	應用	yīng yòng	to apply
迎接	迎接	yíng jiē	to welcome

营养	營養	yíng yǎng	nutrition
营业	營業	yíng yè	to do business
影子	影子	yǐng zi	shadow
硬币	硬幣	yìng bì	coin
应付	應付	yìng fu	to deal with
硬件	硬體	yìng jiàn	hardware
应聘	應聘	yìng pìn	to employ
拥抱	擁抱	yōng bào	hug
拥挤	擁擠	yōng jǐ	crowded
勇气	勇氣	yǒng qì	courage
用途	用途	yòng tú	use
优惠	優惠	yōu huì	favorable
悠久	悠久	yōu jiǔ	long-standing
优美	優美	yōu měi	fine
优势	優勢	yōu shì	superiority
忧郁	憂鬱	you yù	mopish
邮局	郵局	yóu jú	post office
油炸	油炸	yóu zhá	to fry
有利	有利	yǒu lì	advantageous
幼儿园	幼稚園	yòu'ér yuán	kindergarden
娱乐	娛樂	yú lè	amusement
预报	預報	yù bào	prediction
与其	與其	yǔ qí	rather than

语气	語氣	yǔ qì	tone
宇宙	宇宙	yǔ zhòu	universe
预定	預定	yùdìng	to book
预防	預防	yù fáng	to prevent
玉米	玉米	yù mǐ	corn
元旦	元旦	yuán dàn	New Year's Day
缘故	緣故	yuán gù	cause
原料	原料	yuán liào	crude material
原则	原則	yuán zé	principle
愿望	願望	yuàn wàng	desire
推广	推廣	tuī guǎng	to popularize
运气	運氣	yùn qi	fortune
运输	運輸	yùn shū	to transport
运用	運用	yùn yòng	to use
再三	再三	zà sān	repeatedly
灾害	災害	zāi hài	damage
赞成	贊成	zàn chéng	to agree
赞美	讚美	zàn měi	to praise
糟糕	糟糕	zāo gāo	bad
造成	造成	zào chéng	to cause
则	則	zé	then
责备	責備	zé bèi	to blame
摘	摘	zhāi	to pick

粘贴	粘貼	zhān tiē	to stick
展开	展開	zhǎn kāi	to unfold
展览	展覽	zhǎn lǎn	to exhibit
占线	占線	zhàn xiàn	busy
战争	戰爭	zhàn zhēng	war
涨	漲	zhǎng	to rise
掌握	掌握	zhǎng wò	to grasp
账户	帳戶	zhàng hù	account
招待	招待	zhāo dài	to entertain
着凉	著涼	zháo liáng	to catch cold
照常	照常	zhào cháng	as usual
召开	召開	zhào kāi	to convene
哲学	哲學	zhé xué	philosophy
针对	針對	zhēn duì	to direct at
真理	真理	zhēn lǐ	truth
真实	真實	zhēn shí	true
珍惜	珍惜	zhēn xī	to value
诊断	診斷	zhěn duàn	to diagnose
枕头	枕頭	zhěn tou	pillow
阵	陣	zhèn	measure word
振动	振動	zhèn dòng	to shake
睁	睜	zhēng	to open

争论	爭論	zhēng lùn	to argue
争取	爭取	zhēng qǔ	to strive for
征求	徵求	zhēng qúi	to solicit
整个	整個	zhěng gè	whole
整体	整體	zhěng tǐ	entirety
正	正	zhèng	just
政策	政策	zhèng cè	policy
政府	政府	zhèng fǔ	government
证件	證件	zhèng jiàn	credentials
证据	證據	zhèn gjù	proof
挣钱	掙錢	zhèng qián	to make money
政治	政治	zhèng zhì	polity
支	支	zhī	measure word
治疗	治療	zhì liáo	to treat
支票	支票	zhī piào	cheque
直	直	zhí	vertical
执行	執行	zhí xíng	to execute
执照	執照	zhí zhào	license
指导	指導	zhǐ dǎo	to guide
制定	制定	zhì dìng	to draft
指挥	指揮	zhǐ huī	to command
制度	制度	zhì dù	system
智慧	智慧	zhì huì	wisdom

至今	至今	zhì jīn	up to now
秩序	秩序	zhì xù	order
至于	至於	zhì yú	go so far as to
志愿者	志願者	zhì yuàn zhě	volunteer
制作	製作	zhì zuò	to make
钟	鐘	zhōng	clock
中介	仲介	zhōng jiè	intermediary
中心	中心	zhōng xīn	centre
重	重	zhòng	heavy
重量	重量	zhòng liàng	weight
中旬	中旬	zhōng xún	the middle ten days of a month
周到	周到	zhōu dào	considerate
逐步	逐步	zhú bù	gradually
竹子	竹子	zhú zi	bamboo
煮	煮	zhǔ	to boil
主持	主持	zhǔ chí	to host
嘱咐	囑咐	zhǔ fu	to instruct
主观	主觀	zhǔ guān	subjectivity
主人	主人	zhǔ rén	master
主席	主席	zhǔ xí	chairman
主张	主張	zhǔ zhāng	proposal
注册	註冊	zhù cè	to register

祝福	祝福	zhù fú	blessing
抓紧	抓緊	zhuā jǐn	to firmly grasp
专家	專家	zhuān jiā	expert
专心	專心	zhuānxīn	attentive
转变	轉變	zhuǎn biàn	to change
转告	轉告	zhuǎn gào	to transmit
装	裝	zhuāng	to install
装饰	裝飾	zhuāng shì	to decorate
状况	狀況	zhuàng kuàng	state
状态	狀態	zhuàng tài	status
追求	追求	zhuī qiú	to pursue
资格	資格	zī gé	qualification
资金	資金	zī jīn	fund
资料	資料	zī liào	data
姿势	姿勢	zī shi	gesture
咨询	諮詢	zī xún	to consult
资源	資源	zī yuán	resource
紫	紫	zǐ	purple
自从	自從	zì cóng	since
自动	自動	zì dòng	automatic
自豪	自豪	zì háo	pride
自觉	自覺	zì jué	conscientious

字幕	字幕	zì mù	subtitle
自私	自私	zì sī	selfish
自信	自信	zì xìn	self-confident
自由	自由	zì yóu	freedom
自愿	自願	zì yuàn	to volunteer
综合	綜合	zōng hé	multiple
宗教	宗教	zōng jiào	religion
总裁	總裁	zǒng cái	supremo
总共	總共	zǒng gòng	altogether
总理	總理	zǒng lǐ	premier
总算	總算	zǒng suàn	finally
总统	總統	zǒng tǒng	president
总之	總之	zǒng zhī	all in all
祖国	祖國	zǔ guó	motherland
组合	組合	zǔ hé	to combine
祖先	祖先	zǔ xiān	ancestor
阻止	阻止	zǔ zhǐ	to prevent
醉	醉	zuì	to get drunk
最初	最初	zuì chū	prime
罪犯	罪犯	zuì fàn	criminal
遵守	遵守	zūn shǒu	to observe
尊重	尊重	zūn zhòng	to respect
作品	作品	zuò pǐn	works (of art)

作为	作為	zuò wéi	to conduct
作文	作文	zuò wén	composition

Level 6 Vocabulay

哎哟	哎哟	āi yo	oh
挨	挨	ái	to suffer
癌症	癌症	ái zhèng	cancer
爱不释手	愛不釋手	ài bù shì shǒu	to love something too much to part with it
爱戴	愛戴	ài dài	love and esteem
暧昧	曖昧	ài mèi	ambiguous
安居乐业	安居樂業	ān jū lè yè	live & work in peace & contentment
安宁	安寧	ān líng	peaceful
安详	安詳	ān xiáng	serene
安置	安置	ān zhì	to arrange for
案件	案件	àn jiàn	law case
案例	案例	àn lì	case
按摩	按摩	àn mó	to massage
暗示	暗示	àn shì	to drop a hint
昂贵	昂貴	áng guì	expensive
凹凸	凹凸	āo tū	concave-convex
熬	熬	áo	to simmer
奥秘	奧秘	ào mì	mystery
疤	疤	bā	scar

扒	扒	bā	to dig up, to cling to
巴不得	巴不得	bā bu dé	to earnestly wish
巴结	巴結	bā jie	to fawn on
揠苗助长	揠苗助長	yà miáo zhù zhǎng	too much zeal spoil all
把关	把關	bǎ guān	to guard a pass
把手	把手	bǎ shou	knob
把戏	把戲	bǎ xì	trick
霸道	霸道	bà dào	overbearing
罢工	罷工	bà gōng	strike
掰	掰	bāi	to break with both hands
百分点	百分點	bǎi fēn diǎn	percentage point
摆脱	擺脫	bǎi tuō	to get rid of
拜访	拜訪	bài fǎng	to visit
败坏	敗壞	bài huài	to corrupt
拜年	拜年	bài nián	to wish sb a Happy New Year
拜托	拜託	bài tuō	to request
版本	版本	bǎn běn	version
颁布	頒佈	bān bù	to issue
斑纹	斑紋	bān wěn	stripe
伴侣	伴侶	bàn lǚ	partner
伴随	伴隨	bàn suí	to accompany

半途而废	半途而廢	bàn tú ér fèi	to give up halfway
扮演	扮演	bàn yǎn	to play a role of
绑架	綁架	bǎng jià	to kidnap
榜样	榜樣	bǎng yàng	model
保重	保重	bǎng zhòng	to take care of oneself
磅	磅	bàng	pounds
包庇	包庇	bāo bì	to harbor
包袱	包袱	bāo fu	burden
包围	包圍	bāo wéi	to surround
包装	包裝	bāo zhuāng	package
保管	保管	bǎo guǎn	to take care of
饱和	飽和	bǎo hé	saturated
饱经沧桑	飽經滄桑	bǎo jīng cāng sāng	experienced many vicissitudes of life
保密	保密	bǎo mì	to keep secret
保姆	保姆	bǎo mǔ	nanny
保守	保守	bǎo shǒu	conservative
保卫	保衛	bǎo wèi	to defend
保养	保養	bǎo yǎng	to maintain
保障	保障	bǎo zhàng	to ensure
报仇	報仇	bào chóu	to revenge
报酬	報酬	bào chou	remuneration

报答	報答	bào dá	to repay
报到	報到	bào dào	report for duty
爆发	爆發	bào fā	to outbreak
抱负	抱負	bào fu	aspiration
报复	報復	bào fu	to revenge
曝光	曝光	bào guāng	to exposure
暴力	暴力	bào lì	violence
暴露	暴露	bào lù	to expose
报社	報社	bào shè	newspaper office
报销	報銷	bào xiāo	to submit an expense account
抱怨	抱怨	bào yuàn	to complain
爆炸	爆炸	bào zhà	explosion
悲哀	悲哀	bēi āi	sorrow
卑鄙	卑鄙	bēi bǐ	despicable
悲惨	悲慘	bēi cǎn	tragic
北极	北極	běi jí	Arctic
被动	被動	bèi dòng	passive
备份	備份	bèi fèn	duplication
被告	被告	bèi gào	defendant
贝壳	貝殼	bèi ké	shell
背叛	背叛	bèi pàn	to betray
背诵	背誦	bèi sòng	to recite
备忘录	備忘錄	bèi wàng lù	memorandum

奔波	奔波	bēn bō	to rush about
奔驰	奔馳	bēn chí	to run quickly
本能	本能	běn néng	instinct
本钱	本錢	běn qián	capital
本人	本人	běn rén	myself
本身	本身	běn shēn	itself
本事	本事	běn shi	ability
本着	本著	běn zhe	in line with
笨拙	笨拙	bèn zhuō	clumsy
崩溃	崩潰	bēng kuì	to collapse
甭	甭	béng	do not
蹦	蹦	bèng	to jump
迸发	迸發	bèng fā	to burst forth
逼迫	逼迫	bī pò	to force
鼻涕	鼻涕	bí tì	snivel
比方	比方	bǐ fāng	instance
比喻	比喻	bǐ yù	analogy
比重	比重	bǐ zhòng	proportion
臂	臂	bì	arm
弊病	弊病	bì bìng	drawback
必定	必定	bì dìng	to be bound to
弊端	弊端	bì duān	malpractice
闭塞	閉塞	bì sè	blocking

碧玉	碧玉	bì yù	jasper
鞭策	鞭策	biān cè	to spur on
边疆	邊疆	biān jiāng	frontier
边界	邊界	biān jiè	border
边境	邊境	biān jìng	borderland
边缘	邊緣	biān yuàn	edge
编织	編織	biān zhī	to plait
扁	扁	biǎn	flat
贬低	貶低	biǎn dī	to depreciate
贬义	貶義	biǎn yì	derogatory sense
遍布	遍佈	biàn bù	to be found everywhere
变故	變故	biàn gù	misfortune
辩护	辯護	biàn hù	defense
辩解	辯解	biàn jiě	to defend
便利	便利	biàn lì	convenient
变迁	變遷	biàn qiān	vicissitudes
辨认	辨認	biàn rèn	to identify
便条	便條	biàn tiáo	note
便于	便於	biàn yú	to be convenient for
辩证	辯證	biàn zhèng	dialectics
变质	變質	biàn zhì	to go bad
辫子	辮子	biàn zi	pigtail

标本	標本	biāo běn	specimen
标记	標記	biāo jì	mark
飙升	飆升	biāo shēng	to rise violently
标题	標題	biāo tí	title
表决	表決	biǎo jué	to vote
表态	表態	biǎo tài	to make known one's position
表彰	表彰	biǎo zhāng	to commend
憋	憋	biē	to hold
别致	別致	bié zhì	unique
别墅	別墅	bié shù	villa
别扭	彆扭	biè niu	awkward
濒临	瀕臨	bīn lín	to be on the verge of
冰雹	冰雹	bīng báo	hail
并存	並存	bìng cún	to coexist
并非	並非	bìng fēi	not
并列	並列	bìng liè	to parallel
拨打	撥打	bō dǎ	to call
播放	播放	bō fàng	to broadcast
波浪	波浪	bō làng	wave
波涛汹涌	波濤洶湧	bō tāo xiōng yòng	waves running high
剥削	剝削	bō xuē	to exploit
播种	播種	bō zhòng	to sow

博大精深	博大精深	bó dà jīng shēn	broad & profound
搏斗	搏鬥	bó dòu	to fight
博览会	博覽會	bó lǎn huì	fair
伯母	伯母	bó mǔ	auntie
薄弱	薄弱	bó ruò	weak
不顾	不顧	bù gù	to disregard
不愧	不愧	bù kuì	to be worthy of
不料	不料	bù liào	unexpectedly
不像话	不像話	bù xiàng huà	unreasonable
不屑一顾	不屑一顧	bù xiè yī gù	to be beneath one's notice
补偿	補償	bǔ cháng	to compensate
补救	補救	bǔ jiù	to remedy
哺乳	哺乳	bǔ rǔ	to suckle
补贴	補貼	bǔ tiē	allowance
捕捉	捕捉	bǔ zhuō	to catch
不得已	不得已	bù dé yǐ	to act against one's will
步伐	步伐	bù fá	step
不妨	不妨	bù fáng	may as well
不敢当	不敢當	bù gǎn dāng	you flatter me
布告	佈告	bù gào	notice
不禁	不禁	bù jīn	can't help doing
布局	佈局	bù jú	composition

不堪	不堪	bù kān	can't bear
不可思议	不可思議	bù kě sī yì	inconceivable
不时	不時	bù shí	at times
部署	部署	bù shǔ	to deploy
部位	部位	bù wèi	part
不惜	不惜	bù xī	to not stint
不相上下	不相上下	bù xiāng shàng xià	all square
不言而喻	不言而喻	bù yán ér yù	to speak for itself
不由得	不由得	bù yóu de	can't help
不择手段	不擇手段	bù zé shǒu duàn	by hook or by crook
不止	不止	bù zhǐ	more than
布置	佈置	bù zhì	collocation
裁缝	裁縫	cái feng	dressmaker
财富	財富	cái fù	treasure
才干	才幹	cái gàn	ability
裁判	裁判	cái pàn	judge
财务	財務	cái wù	financial affairs
裁员	裁員	cái yuán	to cut staff
财政	財政	cái zhéng	finance
采购	採購	cǎi gòu	to purchase
采集	採集	cǎi jí	to collect
采纳	採納	cǎi nà	to adopt

彩票	彩票	cǎi piào	lottery
参谋	參謀	cān mou	to give advice
参照	參照	cān zhào	to refer to
残酷	殘酷	cán kù	cruel
残留	殘留	cán liú	to remain
残忍	殘忍	cán rěn	barbarity
灿烂	燦爛	càn làn	effulgent
舱	艙	cāng	cabin
苍白	蒼白	cāng bái	pale
仓促	倉促	cāng cù	hasty
仓库	倉庫	cāng kù	storehouse
操劳	操勞	cāo láo	to work hard
操练	操練	cāol iàn	to be proficient in
嘈杂	嘈雜	cāo zá	noisy
操纵	操縱	cāo zòng	to control
操作	操作	cāo zuò	to operate
草案	草案	cǎo àn	draft
草率	草率	cǎo shuài	curt
策划	策劃	cè huà	to plot
测量	測量	cè liáng	to measure
策略	策略	cè luè	strategy
侧面	側面	cè miàn	flank
层出不穷	層出不窮	céng chū bù qióng	to emerge in endless

层次	層次	céng cì	layer
刹车	刹車	chā chē	to brake
差距	差距	chā jù	disparity
查获	查獲	chá jù	hunt down &seize
岔	岔	chà	fork in a road
刹那	刹那	chà nà	at the moment
诧异	詫異	chà yì	surprise
柴油	柴油	chái yóu	diesel oil
搀	攙	chān	to mingle
馋	饞	chán	greedy
缠绕	纏繞	chán rào	to enlace
阐述	闡述	chǎn shù	to expatiate
产业	產業	chǎn yè	property
颤抖	顫抖	chàn dǒu	to quiver
猖狂	倡狂	chāng kuáng	savage
昌盛	昌盛	chāng shèng	prosperous
偿还	償還	cháng huán	to refund
常年	常年	cháng nián	the entire year
尝试	嘗試	cháng shì	to attempt
常务	常務	cháng wù	routine
场合	場合	chǎng hé	occasion
场面	場面	chǎng miàn	scene
场所	場所	chǎng suǒ	concourse

倡导	宣導	chàng dǎo	to advocate
畅通	暢通	chàng tōng	unblocked
畅销	暢銷	chàng xiāo	to sell well
倡议	倡議	chàng yì	to sponsor
超级	超級	chāo jí	super
钞票	鈔票	chāo piào	paper money
超越	超越	chāo yuè	to exceed
潮流	潮流	cháo liú	tide
潮湿	潮濕	cháo shī	humid
嘲笑	嘲笑	cháo xiào	to laugh at
撤退	撤退	chè tuì	to beat a retreat
撤销	撤銷	chè xiāo	to withdraw
沉淀	沉澱	chén diàn	deposit
陈旧	陳舊	chén jiù	obsolete
陈列	陳列	chén liè	to display
沉闷	沉悶	chén mèn	tediousness
陈述	陳述	chén shù	to state
沉思	沉思	chén sí	to contemplate
沉重	沉重	chén zhòng	ponderosity
沉着	沉著	chén zhuó	calm and collected
称心如意	稱心如意	chèn xīn rú yì	to have one's wishes
称号	稱號	chēng hào	name

橙	橙	chéng	orange
盛	盛	chéng	to fill
承办	承辦	chéng bàn	to undertake
承包	承包	chéng bāo	to contract with
城堡	城堡	chéng bǎo	castle
成本	成本	chéng běn	cost
成交	成交	chéng běn	to strike a bargain
惩罚	懲罰	chéng fá	to punish
承诺	承諾	chéng nuò	to promise
澄清	澄清	chéng qīng	to clarify
成天	成天	chéng tiān	all the day
乘务员	乘務員	chéng wù yuán	trainman
呈现	呈現	chéng xiàn	to present
成效	成效	chéng xiào	effect
成心	成心	chéng xīn	on purpose
成员	成員	chéng yuán	member
诚挚	誠摯	chéng zhì	sincere
秤	秤	chèng	steelyard
吃苦	吃苦	chīkǔ	to have a rough time
吃力	吃力	chī lì	labored
迟缓	遲緩	chí huǎn	sluggish
持久	持久	chí jiǔ	to perdure

池塘	池塘	chí táng	pool
迟疑	遲疑	chí yí	to hesitate
赤道	赤道	chì dào	equator
赤字	赤字	chì zì	red figure
充当	充當	chōng dāng	to act as
冲动	衝動	chōng dòng	impulsive
冲击	衝擊	chōng jī	to attack
充沛	充沛	chōng pèi	bountiful
充实	充實	chōng shí	to enrich
冲突	衝突	chōng tū	to conflict
充足	充足	chōng zú	abundant
崇拜	崇拜	chóng bài	to admire
重迭	重迭	chóng dié	overlapping
崇高	崇高	chóng gāo	sublime
崇敬	崇敬	chóng jìng	to esteem
重阳节	重陽節	chóng yáng jié	double Ninth Festival
筹备	籌備	chōu bèi	to prepare
抽空	抽空	chōu kòng	to make time
踌躇	躊躇	chóu chú	to hesitate
稠密	稠密	chóu mì	dense
丑恶	醜惡	chǒu 'è	ugly
初步	初步	chū bù	preliminary
出路	出路	chū lù	outlet

出卖	出賣	chū mài	to betray
出身	出身	chū shēn	origin
出神	出神	chū shén	to be entranced
出息	出息	chū xi	promises
出洋相	出洋相	chū yáng xiàng	to make a spectacle of oneself
储备	儲備	chǔ bèi	to store
储存	儲存	chǔ cún	to store up
处分	處分	chǔ fèn	to punish
处境	處境	chǔ jìng	circumstance
储蓄	儲蓄	chǔ xù	savings
处置	處置	chǔ zhì	to handle
触犯	觸犯	chù fàn	to offend
川流不息	川流不息	chuān liú bù xī	the stream never stops flowing
穿越	穿越	chuān yuè	through
船舶	船舶	chuán bó	boat
传达	傳達	chuán dá	to convey
传单	傳單	chuán dān	leaflet
传授	傳授	chuán shòu	to impart
喘气	喘氣	chuǎn qì	to breathe
串	串	chuàn	measure word
床单	床單	chuángdān	bed sheet

创立	創立	chuàng lì	to fund
创新	創新	chuàng xīn	to innovate
创业	創業	chuàng yè	to carve out
创作	創作	chuàng zuò	to indite
吹牛	吹牛	chuī niú	to boast
吹捧	吹捧	chuī pěng	to puffery
锤	錘	chuí	hammer
垂直	垂直	chuí zhí	vertical
纯粹	純粹	chún cuì	pure
纯洁	純潔	chún jié	pure
词汇	詞彙	cí huì	vocabulary
慈祥	慈祥	cí xiáng	kindly
雌雄	雌雄	cí xióng	male and female
刺	刺	cì	to stab
伺候	伺候	cì hou	to serve
次品	次品	cì pǐn	substandard products
次序	次序	cì xù	sequence
丛	叢	cóng	measure word
从容不迫	從容不迫	cóng róng bù bò	to take one's time
凑合	湊合	còu he	to scare up
粗鲁	粗魯	cū lǔ	rude
窜	竄	cuàn	to flee

摧残	摧殘	cuī cán	to wreck
脆弱	脆弱	cuì ruò	brittle
搓	搓	cuō	to rub
磋商	磋商	cuō shāng	consultation
挫折	挫折	cuò zhé	throwback
搭	搭	dā	to build
搭档	搭檔	dā dàng	partner
搭配	搭配	dā pèi	collocation
答辩	答辯	dá biàn	to reply
达成	達成	dáchéng	to reach
答复	答覆	dá fù	to reply
打包	打包	dǎ bāo	to pack
打架	打架	dǎ gǔ	to fight
打官司	打官司	dǎ guān si	to go to court
打击	打擊	dǎ jī	to beat
打量	打量	dǎ liang	to get a load of
打猎	打獵	dǎ liè	to hunt
打仗	打仗	dǎ zhàng	to fight (in the war)
大不了	大不了	dà bu liǎo	at the worst
大臣	大臣	dà chén	minister
大伙儿	大夥兒	dà huǒr	everybody
大厦	大廈	dà shà	mansion

大肆	大肆	dà sì	wantonly
大体	大體	dà tǐ	general
大意	大意	dà yì	to be reckless of
大致	大致	dà zhì	approximately
歹徒	歹徒	dǎi tú	evil person who commits crimes
逮捕	逮捕	dài bǔ	to arrest
代价	代價	dài jià	cost
贷款	貸款	dài kuǎn	loan
代理	代理	dài lǐ	surrogate
带领	帶領	dài lǐng	to guide
怠慢	怠慢	dài màn	remissness
担保	擔保	dān bǎo	to vouch for
胆怯	膽怯	dǎn qiè	timidity
蛋白质	蛋白質	dàn bái zhì	protein
诞辰	誕辰	dàn chén	birthday
淡季	淡季	dàn jì	a dead season
诞生	誕生	dàn shēng	to be born
淡水	淡水	dàn shuǐ	fresh water
当场	當場	dāng chǎng	on the spot
当初	當初	dāng chū	originally
当面	當面	dāng miàn	face to face
当前	當前	dāng qián	currently

当事人	當事人	dāng shì rén	litigant
当务之急	當務之急	dāng wù zhī jí	urgent matter
当心	當心	dāng xīn	to be careful
当选	當選	dāng xuǎn	to be elected
党	黨	dǎng	party
档案	檔案	dàng àn	file
档次	檔次	dàng cì	bracket
倒闭	倒閉	dǎo bì	to close down
导弹	導彈	dǎo dàn	missile
稻谷	稻穀	dào gǔ	paddy
导航	導航	dǎo háng	navigation
捣乱	搗亂	dǎo luàn	to make trouble
盗窃	盜竊	dào qiè	to rap and rend
导向	導向	dǎo xiàng	to lead to
岛屿	島嶼	dǎo yǔ	island
得不偿失	得不償失	dé bù cháng shī	to be not worth the candle
得力	得力	dé lì	competent
得天独厚	得天獨厚	dé tiān dú hòu	to be richly endowed by nature
得罪	得罪	dé zuì	to offend
蹬	蹬	dēng	to pedal
灯笼	燈籠	dēng long	lantern

登录	登錄	dēng lù	to enter
登陆	登陸	dēng lù	to land
等级	等級	děng jí	grade
瞪	瞪	dèng	to glare
堤坝	堤壩	dī bà	dyke
敌视	敵視	dí shì	to be hostile to
抵达	抵達	dǐ dá	to arrive at
抵抗	抵抗	dǐ kàng	to fight back
抵制	抵制	dǐ zhì	to resist
地步	地步	dì bù	condition
地势	地勢	dì shì	topography
递增	遞增	dì zēng	to increase progressively
地质	地質	dì zhì	geology
颠簸	顛簸	diān bǔ	to bump
颠倒	顛倒	diān dǎo	to bottom up
雕塑	雕塑	diāo sù	sculpture
典礼	典禮	diǎn lǐ	ceremony
典型	典型	diǎn xíng	typical
点缀	點綴	diǎn zhuì	to intersperse
垫	墊	diàn	mat
奠定	奠定	diàn dìng	to establish
惦记	惦記	diàn jì	to keep thinking about

电源	電源	diàn yuán	electrical source
叼	叼	diāo	hold in the mouth
雕刻	雕刻	diāo kè	to carve
吊	吊	diào	to suspend
调动	調動	diào dòng	to transfer
跌	跌	diē	to tumble
盯	盯	dīng	to gaze at
叮嘱	叮嘱	dīng zhǔ	to exhort
定期	定期	dìng qī	at regular intervals
定义	定義	dìng yì	definition
丢人	丢人	diū rén	to lose face
东道主	東道主	dōng dào zhǔ	host for a party
东张西望	東張西望	dōng zhāng xī wàng	to gaze around
董事长	董事長	dǒng shì zhǎng	board chairman
动荡	動盪	dòng dàng	upheaval
动机	動機	dòng jī	incentive
冻结	凍結	dòng jié	to freeze
动静	動靜	dòng jing	movement
动力	動力	dòng lì	motivity
动脉	動脈	dòng mài	artery

动身	動身	dòng shēn	to get off
动手	動手	dòng shǒu	to get to work
动态	動態	dòng tài	dynamic state
洞穴	洞穴	dòng xué	cave
动员	動員	dòng yuán	to mobilize
兜	兜	dōu	pocket
陡峭	陡峭	dǒu qiào	steep
斗争	鬥爭	dòu zhēng	to strive
督促	督促	dū cù	to supervise and urge
都市	都市	dū shì	urban
独裁	獨裁	dú cái	despotism
孤立	孤立	dú lì	independent
毒品	毒品	dú pǐn	narcotics
赌博	賭博	dǔ bó	gambling
堵塞	堵塞	dǔ sè	to jam
杜绝	杜絕	dù jué	to put an end to
端	端	duān	end
端午节	端午節	duān wǔ jié	dragon boat festival
端正	端正	duān zhèng	proper
短促	短促	duǎn cù	brief
断定	斷定	duàn dìng	to conclude
断断续续	斷斷續續	duàn duàn xù xù	off and on

断绝	斷絕	duàn jué	to break off
堆积	堆積	duī jī	to accumulate
对策	對策	duì cè	countermeasure
对称	對稱	duì chèn	symmetry
对付	對付	duì fu	to deal with
兑换	兌換	duì huàn	to cash in
对抗	對抗	duì kàng	antagonism
对立	對立	duì lì	antinomy
对联	對聯	duì lián	a pairof poetic couplet scrolls
队伍	隊伍	duì wu	troop
兑现	兌現	duì xiàn	to cash a check
对应	對應	duì yìng	corresponding
对照	對照	duìz hào	antitheses
顿时	頓時	dùn shí	at once
哆嗦	哆嗦	duō suo	to shiver
多元化	多元化	duō yuán huà	diversification
堕落	墮落	duò luò	to corrupt
额外	額外	é wài	extra
恶心	噁心	ě xīn	to loathe
恶化	惡化	è huà	to deteriorate
遏制	遏制	è zhì	to restrain
恩怨	恩怨	ēn yuàn	feelings of resentment

而已	而已	ér yǐ	that's all
耳环	耳環	ěr huǎn	earring
二氧化碳	二氧化碳	èr yáng huà tàn	carbon dioxide
发布	發佈	fā bù	to issue
发财	發財	fā cái	to make a pile
发呆	發呆	fābdāi	to stare blankly
发动	發動	fā dòng	to launch
发火	發火	fā huǒ	to flare up
发行	發行	fā xíng	to publish
发炎	發炎	fā yán	inflammation
发扬	發揚	fā yáng	to carry forward
发觉	發覺	fá jué	to detect
发射	發射	fá shè	to launch
发誓	發誓	fá shì	to take an oath
发育	發育	fá yú	upgrowth
法人	法人	fǎ rén	artificial person
番	番	fān	measure word
繁华	繁華	fán huá	flourishing
繁忙	繁忙	fán máng	busy
繁体字	繁體字	fán tǐ zì	traditional Chinese characters
繁殖	繁殖	fán zhí	to breed

反常	反常	fǎn cháng	abnormal
反倒	反倒	fǎn dào	but on the contrary
反动	反動	fǎn dòng	counteraction
反感	反感	fǎn gǎn	antipathy
反抗	反抗	fǎn kàng	to resist
回馈	回饋	fǎn kuì	to feedback
反面	反面	fǎn miàn	reverse side
反射	反射	fǎn shè	to reflect
反思	反思	fǎn sī	introspection
反问	反問	fǎn wèn	rhetorical question
反之	反之	fǎn zhī	contrarily
范畴	範疇	fàn chóu	category
泛滥	氾濫	fàn làn	to overflow
贩卖	販賣	fàn mài	to peddle
方言	方言	fāng yán	dialect
方针	方針	fāng zhēn	policy
防守	防守	fáng shǒu	to defend
防疫	防疫	fáng yì	quarantine
防御	防禦	fáng yù	defense
防止	防止	fáng zhǐ	to avert
防治	防治	fáng zhì	prevention & cure
纺织	紡織	fǎng zhī	textile

放大	放大	fàng dà	to magnify
放射	放射	fàng shè	radioactivity
放手	放手	fàng shǒu	to let go
非法	非法	fēi fǎ	illegal
飞禽走兽	飛禽走獸	fēi qín zǒu shòu	birds and beats
飞翔	飛翔	fēi xiáng	to fly
飞跃	飛躍	fēi yuè	to overfly
肥沃	肥沃	féi wù	fertile
诽谤	誹謗	fěi bàng	to slander
匪徒	匪徒	fěi tú	mobster
废除	廢除	fèi chú	to abolish
沸腾	沸騰	fèi téng	to boil
废墟	廢墟	fèi xū	ruin
分寸	分寸	fēn cùn	sense of propriety
吩咐	吩咐	fēn fù	behest
分红	分紅	fēn hóng	dividend
分解	分解	fēn jiě	to break down
分裂	分裂	fēn liè	abruption
分泌	分泌	fēn mì	to secrete
分明	分明	fēn míng	distinct
分歧	分歧	fēn qí	bifurcation
分散	分散	fēn sàn	to disperse

分手	分手	fēn shǒu	to break up
坟墓	墳墓	fén mù	grave
粉末	粉末	fěn mò	powder
粉色	粉色	fěn sè	pink
粉碎	粉碎	fěn suì	comminution
分量	分量	fèn liàng	component
风暴	風暴	fēng bào	storm
封闭	封閉	fēng bì	to obturate
风度	風度	fēng dù	grace
风光	風光	fēng guāng	sight
封建	封建	fēng jiàn	feudalism
丰满	豐滿	fēng mǎn	plump
风气	風氣	fēng qì	common practice
风趣	風趣	fēng qù	wit
丰盛	豐盛	fēng shèng	sumptuous
丰收	豐收	fēng shōu	bumper harvest
封锁	封鎖	fēng suǒ	to blockade
风土人情	風土人情	fēng tǔ rén qíng	local customs
风味	風味	fēng wèi	zest
锋利	鋒利	fēng lì	sharp
逢	逢	féng	to meet
奉献	奉獻	fèng xiàn	dedication

否决	否決	fǒu jué	to veto
夫人	夫人	fū rén	madam
敷衍	敷衍	fū yǎn	perfunctory
幅度	幅度	fú dù	range
符号	符號	fú hào	sign
福利	福利	fú lì	welfare
俘虏	俘虜	fú lǔ	to captive
服气	服氣	fú qì	convinced
福气	福氣	fú qì	felicity
辐射	輻射	fú shè	radiation
腐败	腐敗	fǔ bài	corruption
腐烂	腐爛	fǔ làn	to decay
腐蚀	腐蝕	fǔ shí	to canker
腐朽	腐朽	fǔ xiǔ	to molder
抚养	撫養	fǔ yǎng	to bring up
俯仰	俯仰	fǔ yǎng	pitching
辅助	輔助	fǔ zhù	to assist
副	副	fù	secondary
负担	負擔	fù dān	burden
覆盖	覆蓋	fù gài	to cover
附和	附和	fù hè	to echo
复活	復活	fù huó	to relive
附件	附件	fù jiàn	accessory

附属	附屬	fù shù	subsidiary
腹泻	腹瀉	fù xiè	diarrhea
复兴	復興	fù xīng	revival
赋予	賦予	fù yǔ	to endow
富裕	富裕	fù yù	rich
副作用	副作用	fù zuò yòng	side effect
改良	改良	gǎi liáng	to amend
盖章	蓋章	gài zhāng	to seal
干旱	乾旱	gān hàn	drought
尴尬	尷尬	gān gà	embarrassed
干扰	干擾	gān rǎo	to disturb
干涉	干涉	gān shè	to interfere
甘心	甘心	gān xīn	willing
干预	干預	gān xīn	intervention
感慨	感慨	gǎn kǎi	feeling
感染	感染	gǎn rǎn	infection
干劲	幹勁	gàn jìn	energy
纲领	綱領	gāng lǐng	program
港口	港口	gǎng kǒu	harbor
港湾	港灣	gǎng wān	harbor
岗位	崗位	gǎng wèi	post
杠杆	杠杆	gàng gǎn	lever
高超	高超	gāo chāo	superb

高峰	高峰	gāo fēng	peak
高考	高考	gāo kǎo	college entrance examination
高明	高明	gāo míng	wise
高尚	高尚	gāo shàng	nobility
高涨	高漲	gāo zhǎng	to upsurge
稿件	稿件	gǎo jiàn	contribution
告辞	告辭	gào cí	to leave
告诫	告誡	gào jiè	to warn
割	割	gē	to cut
搁	擱	gē	to put
疙瘩	疙瘩	gē da	lump
歌颂	歌頌	gē sòng	to praise
隔阂	隔閡	gé hé	gulf
格局	格局	gé jú	structure
隔离	隔離	gé lí	to separate
格式	格式	gé shi	format
各抒己见	各抒己見	gè shū jǐ jiàn	to air their own views
个体	個體	gè tǐ	individual
跟前	跟前	gēn qián	in front of
根深蒂固	根深蒂固	gēn shēn dì gù	inveterate
跟随	跟隨	gēn suí	to follow
根源	根源	gēn yuán	germ

跟踪	跟蹤	gēn zōng	to tail
耕地	耕地	gēng dì	to plough
更新	更新	gēng xīn	to renew
更正	更正	gēng zhèng	to correct
高潮	高潮	gō cháo	climax
公安局	公安局	gōng ān jú	police station
公道	公道	gōng dào	justice
宫殿	宮殿	gōng diàn	palace
工夫	工夫	gōng fu	time
公告	公告	gōng gào	bulletin
攻击	攻擊	Gōng jī	to attack
供给	供給	gōng jǐ	to supply
恭敬	恭敬	gōng jìng	deferential
公关	公關	gōng guān	public relations
功课	功課	gōng kè	assignment
攻克	攻克	gōng kè	to capture
功劳	功勞	gōng láo	credit
公民	公民	gōng mín	citizen
公婆	公婆	gōng pó	parents-in-law
公然	公然	gōng rán	in public
公认	公認	gōng rèn	recognized
公式	公式	gōng shì	formula
公务	公務	gōng wù	official business

功效	功效	gōng xiào	efficacy
工艺品	工藝品	gōng yì pǐn	craft
公正	公正	gōng zhèng	justness
公证	公證	gōng zhèng	notarization
巩固	鞏固	gǒng gù	to consolidate
供不应求	供不應求	gōng bù yīng qiú	In short supply
共和国	共和國	gòng hé guó	republic
共计	共計	gòng jì	in total
共鸣	共鳴	gòng míng	resonance
勾结	勾結	gōu jié	collusion
钩子	鉤子	gōu zi	hook
构思	構思	gòu sī	to conceive
孤独	孤獨	gū dú	loneliness
辜负	辜負	gū fù	to let down
姑且	姑且	gū qiě	tentatively
故障	故障	gù zhàng	malfunction
股东	股東	gǔ dōng	stockholder
古董	古董	gǔ dǒng	antique
鼓动	鼓動	gǔ dòng	instigation
股份	股份	gǔ fèn	stock
骨干	骨幹	gǔ gàn	backbone
古怪	古怪	gǔ guài	oddity

顾虑	顧慮	gù lǜ	apprehension
固然	固然	gù rán	admittedly
顾问	顧問	gù wèn	consultant
故乡	故鄉	gù xiāng	hometown
固有	固有	gù yǒu	inherent
固执	固執	gù zhi	bigotry
拐杖	拐杖	guǎi zhàng	crutch
官方	官方	guān fāng	official
观光	觀光	guān guāng	sightseeing
关照	關照	guān zhào	to care
管辖	管轄	guǎn xiá	to have jurisdiction over
罐	罐	guàn	jar
贯彻	貫徹	guàn chè	to implement
灌溉	灌溉	guàn gài	irrigation
惯例	慣例	guàn lì	routine
光彩	光彩	guāng cǎi	honorable
光辉	光輝	guāng huī	light
光芒	光芒	guāng máng	light
广阔	廣闊	guǎng kuò	widest
规范	規範	guī fàn	norms
规格	規格	guī gé	spec
归根结底	歸根結底	guī gēn jié dǐ	in the final analysis

规划	規劃	guī huà	programming
归还	歸還	guī huán	to return
归纳	歸納	guī nà	to generalize
规章	規章	guī zhāng	regulations
轨道	軌道	guǐ dào	orbit
跪	跪	guì	to kneel
贵族	貴族	guì zú	nobility
棍棒	棍棒	gùn bàng	billy
国防	國防	guó fáng	national defense
国务院	國務院	guó wù yuàn	State Department
果断	果斷	guǒ duàn	decisive
过度	過度	guò dù	in excess
过渡	過渡	guò dù	transition
过奖	過獎	guò jiǎng	to overpraise
过滤	過濾	guò lǜ	to filtrate
过失	過失	guò shī	lapse
过问	過問	guò wèn	to interfere
过瘾	過癮	guò yǐn	enjoyable
过于	過於	guò yú	excessively
海拔	海拔	hǎi bá	altitude
海滨	海濱	hǎi bīn	shore
嗨	嗨	hai	hi
含糊	含糊	hán hu	ambiguous

寒暄	寒暄	hán xuān	greetings
含义	含義	hán yì	meanings
罕见	罕見	hǎn jiàn	rarely
捍卫	捍衛	hàn wèi	to safeguard
航空	航空	háng kōng	aviation
行列	行列	háng liè	rank
航行	航行	háng xíng	to navigate
航天	航天	háng tiān	spaceflight
豪迈	豪邁	háo mài	heroic
毫米	毫米	háo mǐ	millimeter
毫无	毫無	háo wú	none
耗费	耗費	hào fèi	to cost
好客	好客	hào kè	hospitable
号召	號召	hào zhào	to call on
和蔼	和藹	hé ǎi	amiable
合并	合併	hé bìng	to merge
合成	合成	hé chéng	to synthesize
合乎	合乎	hé hū	to conform
合伙	合夥	hé huǒ	to form a partnership
和解	和解	hé jiě	to compromise
和睦	和睦	hé mù	concord
和气	和氣	hé qì	polite
合身	合身	hé shēn	fit

和算	和算	hé suàn	worthwhile
和谐	和諧	hé xié	harmonious
呵	呵	he	oh
嘿	嘿	hei	hey
痕迹	痕跡	hén jì	trace
狠心	狠心	hěn xīn	heartless
恨不得	恨不得	hèn bù dé	to be anxious to
哼	哼	heng	hum
烘	烘	hōng	to bake
轰动	轟動	hōng dòng	sensation
红包	紅包	hóng bāo	red envelope
宏观	宏觀	hóng guān	macroscopic
洪水	洪水	hóng shuǐ	flood
宏伟	宏偉	hóng wěi	magnificent
哄	哄	hǒng	hubbub
喉咙	喉嚨	hóu long	throat
吼	吼	hǒu	to roar
后代	後代	hòu dài	offspring
后顾之忧	後顧之憂	hòu gù zhī yōu	worries
后勤	後勤	hòu qín	logistics
候选	候選	hòu xuǎn	to candidate for
忽略	忽略	hū lüè	to ignore

呼啸	呼嘯	hū xiào	to scream
呼吁	呼籲	hū yù	to appeal to
胡乱	胡亂	hú luàn	at random
湖泊	湖泊	hú pō	lake
互联网	互聯網	hù lián wǎng	internet
花瓣	花瓣	huā bàn	petal
华丽	華麗	huá lì	gorgeous
华侨	華僑	huá qiáo	overseas Chinese
化肥	化肥	huà féi	fertilizer
划分	劃分	huà fēn	compartmentalize
画蛇添足	畫蛇添足	huà shé tiān zú	to gild
化石	化石	huà shí	fossil
话筒	話筒	huà tǒng	mike
化验	化驗	huà yàn	assay
化妆	化妝	huà zhuāng	makeup
怀孕	懷孕	huái yùn	pregnancy
欢乐	歡樂	huān lè	jollification
环节	環節	huán jié	link
还原	還原	huán yuán	to revert
缓和	緩和	huǎn hé	to abate
患者	患者	huàn zhě	sufferer
荒凉	荒涼	huāng liáng	desolation
慌忙	慌忙	huāng máng	in a great rush

荒谬	荒謬	huāng miù	ridiculous
荒唐	荒唐	huāng táng	ridiculous
黄昏	黃昏	huáng hūn	dusk
恍然大悟	恍然大悟	huǎng rán dà wù	to take a tumble
辉煌	輝煌	huī huáng	resplendence
挥霍	揮霍	huī huò	to devour
回报	回報	huí bào	to redound
回避	回避	huí bì	to shy away
回顾	回顧	huí gù	to retrospect
回收	回收	huí shōu	to reclaim
回应	回應	huí yìng	to response
悔恨	悔恨	huǐ hèn	to regret
毁灭	毀滅	huǐ miè	to destroy
汇报	彙報	huì bào	to report
贿赂	賄賂	huì lù	to bribe
会晤	會晤	huì wù	to contact
昏迷	昏迷	hūn mí	to lose consciousness
浑身	渾身	hún shēn	all over the body
混合	混合	hùn hé	to mixture
混乱	混亂	hùn luàn	chaos
混淆	混淆	hùn xiáo	confusion
混浊	混濁	hún zhuó	turbidity

活该	活該	huó gāi	you deserve it
活力	活力	huó lì	energy
火箭	火箭	huǒ jiàn	rocket
火焰	火焰	huǒ yàn	flame
火药	火藥	huǒ yào	gunpowder
货币	貨幣	huò bì	currency
或者	或者	huò zhě	or
基地	基地	jī dì	base
机动	機動	jī dòng	iocomotive
饥饿	饑餓	jī è	hunger
激发	激發	jī fā	to wake
机构	機構	jī gòu	organization
机关	機關	jī guān	department
基金	基金	jī jīn	fund
激励	激勵	jī lì	to inspire
机灵	機靈	jī ling	shrewd
机密	機密	jī mì	secret
激情	激情	jī qíng	strong emotion
讥笑	譏笑	jī xiào	to fleer
机械	機械	jī xiè	machine
基因	基因	jī yīn	gene
机遇	機遇	jī yù	opportunity
机智	機智	jī zhì	witty

即便	即便	jí biàn	even if
级别	級別	jí bié	grade
疾病	疾病	jí bìng	aliment
嫉妒	嫉妒	jí dù	to begrudge
极端	極端	jí duān	uttermost
急功近利	急功近利	jí gōng jìn lì	eager for quick success & profits
籍贯	籍貫	jí guàn	native place
即将	即將	jí jiāng	about to
急剧	急劇	jí jù	sharply
急切	急切	jí qiè	impatient
极限	極限	jí xiàn	limit
急于求成	急於求成	jí yú qiú chéng	to be impatient for success
及早	及早	jí zǎo	as soon as possible
急躁	急躁	jí zào	precipitancy
给予	給予	jǐ yǔ	to administer
继承	繼承	jì chéng	to inherit
季度	季度	jì dù	quarter
忌讳	忌諱	jì huì	taboo
计较	計較	jì jiào	to argue with
寂静	寂靜	jì jìng	quietude
季军	季軍	jì jūn	third place
技能	技能	jì néng	skill

技巧	技巧	jì qiǎo	technique
寄托	寄託	jì tuō	entrust the care of
继往开来	繼往開來	jì wǎng kāi lái	to continue with the past & open up the future
迹象	跡象	jì xiàng	evidence
记性	記性	jì xing	memory
纪要	紀要	jì yào	minutes
记载	記載	jì zǎi	to record
家常	家常	jiā cháng	homemade
加工	加工	jiā gōng	to process
家伙	傢伙	jiā huo	fellow
加剧	加劇	jiā jù	to intensify
家属	家屬	jiā shǔ	sib
佳肴	佳餚	jiā yáo	cate
家喻户晓	家喻戶曉	jiā yù hù xiǎo	widely known
夹杂	夾雜	jiā zá	inclusive
假设	假設	jiǎ shè	hypothesis
坚定	堅定	jiān dìng	steady
监督	監督	jiān dū	to oversee
尖端	尖端	jiān duān	point
坚固	堅固	jiān gù	firm
艰难	艱難	jiān nán	hardship

坚韧	堅韌	jiān rèn	tough
坚实	堅實	jiān shí	solid
监视	監視	jiān shì	scrutiny
坚硬	堅硬	jiān yìng	hard
监狱	監獄	jiān yù	jail
兼职	兼職	jiān zhí	part-time job
间接	間接	jián jiē	indirect
拣	揀	jiǎn	to pick
剪彩	剪綵	jiǎn cǎi	ribbon-cutting
简化	簡化	jiǎn huà	to predigest
简陋	簡陋	jiǎn lòu	simple and crude
检讨	檢討	jiǎn tǎo	to review
简体字	簡體字	jiǎn tǐ zì	simplified character
检验	檢驗	jiǎn yàn	to checkout
简要	簡要	jiǎn yào	brief
溅	濺	jiàn	to spatter
鉴别	鑒別	jiàn bié	to distinguish
间谍	間諜	jiàn dié	spy
鉴定	鑒定	jiàn dìng	to authenticate
间隔	間隔	jiàn gé	interval
见多识广	見多識廣	jiàn duō shí guǎng	informed
见解	見解	jiàn jiě	opinion

健全	健全	jiàn quán	robust
践踏	踐踏	jiàn tà	to stomp
舰艇	艦艇	jiàn tǐng	warship
见闻	見聞	jiàn wén	knowledge
见义勇为	見義勇為	jiàn yì yǒng wéi	courageous
鉴于	鑒於	jiàn yú	in view of
将近	將近	jiāng jìn	almost
将军	將軍	jiāng jun	general
僵硬	僵硬	jiāng yìng	ankylosis
桨	槳	jiǎng	oar
奖励	獎勵	jiǎng lì	award
奖赏	獎賞	jiǎng shǎng	guerdon
交叉	交叉	jiāo chā	to across
交代	交代	jiāo dài	to account
焦点	焦點	jiāo diǎn	focus
焦急	焦急	jiāo jí	fuss
娇气	嬌氣	jiāo qì	effeminate
交涉	交涉	jiāo shè	negotiation
交往	交往	jiāo wǎng	intercourse
交易	交易	jiāo yì	to trade
搅拌	攪拌	jiǎo bàn	to stir
角落	角落	jiǎo luò	corner

缴纳	繳納	jiǎo nà	to pay
较量	較量	jiào liàng	bout
教养	教養	jiào yǎng	upbringing
皆	皆	jiē	all
阶层	階層	jiē céng	stratum
揭发	揭發	jiē fā	exposure
接连	接連	jiē lián	successively
揭露	揭露	jiē lù	to disclose
杰出	傑出	jié chū	outstanding
竭尽全力	竭盡全力	jié jìn quán lì	to lay oneself out
结晶	結晶	jié jīng	rime
结局	結局	jié jú	drop scene
结算	結算	jié suàn	settlement
截至	截至	jié zhì	up to
节奏	節奏	jié zòu	rhythm
解除	解除	jiě chú	to deliquesce
解雇	解雇	jiě gù	to dismiss
解剖	解剖	jiě pōu	to anatomize
解散	解散	jiě sàn	to disband
戒备	戒備	jiè bèi	to watch out for
借鉴	借鑒	jiè jiàn	reference
界限	界限	jiè xiàn	ambit
借助	借助	jiè zhù	by dint of

津津有味	津津有味	jīn jīn yǒu wèi	to do something with keen pleasure
金融	金融	jīn róng	finance
尽快	儘快	jǐn kuài	as soon as possible
紧密	緊密	jǐn mì	close
紧迫	緊迫	jǐn pò	urgent
锦绣前程	錦繡前程	jǐn xiù qián chéng	bright future
进而	進而	jìn ér	then
进攻	進攻	jìn gōng	onset
进化	進化	jìn huà	evolution
近来	近來	jìn lái	lately
浸泡	浸泡	jìn pào	to soak
晋升	晉升	jìns hēng	to promote
近视	近視	jìn shì	myopia
劲头	勁頭	jìn tóu	energy
进展	進展	jìn zhǎn	headway
茎	莖	jìng	stem
精打细算	精打細算	jīng dǎ xì suàn	to pinch pennies
惊动	驚動	jīng dòng	to startle
经费	經費	jīng fèi	outlay
精华	精華	jīng huá	elite

精简	精簡	jīng jiǎn	to condense
兢兢业业	兢兢業業	jīng jīng yè yè	cautious and conscientious
精密	精密	jīng mì	exactitude
惊奇	驚奇	jīng qí	wonder
精确	精確	jīng què	precise
经商	經商	jīng shāng	to trade
精通	精通	jīng tōng	mastery
经纬	經緯	jīng wěi	longitude and latitude
精心	精心	jīng xīn	carefully
惊讶	驚訝	jīng yà	surprise
精益求精	精益求精	jīng yì qiú jīng	seek perfection & improvement
精致	精緻	jīng zhì	refinement
井	井	jǐng	well
警告	警告	jǐng gào	to warn
警惕	警惕	jǐng tì	to alert
颈椎	頸椎	jǐng zhuī	cervical vertebra
境界	境界	jìng jiè	stature
敬礼	敬禮	jìng lǐ	salute
竞赛	競賽	jìng sài	contest
镜头	鏡頭	jìng tóu	lens
竞选	競選	jìng xuǎn	election
纠纷	糾紛	jiū fēn	dispute

纠正	糾正	jiū zhèng	to correct
酒精	酒精	jiǔ jīng	alcohol
救济	救濟	jiù ji	almsgiving
就近	就近	jiù jìn	nearby
就业	就業	jiù yè	to obtain employment
就职	就職	jiù zhí	accession
鞠躬	鞠躬	jū gōng	to bow
拘留	拘留	jū liú	custody
拘束	拘束	jū shù	to restrict
居住	居住	jū zhù	inhabitation
局部	局部	jú bù	part
局面	局面	jú miàn	conjuncture
局势	局勢	jú shì	situation
局限	局限	jú xiàn	localization
举动	舉動	jǔ dòng	comport
咀嚼	咀嚼	jǔ jué	to chaw
沮丧	沮喪	jǔ sàng	depression
举世闻名	舉世聞名	jǔ shì wén míng	world-renowned
举世瞩目	舉世矚目	jǔ shì zhǔ mù	to draw worldwide attention
举足轻重	舉足輕重	jǔ zú qīng zhòng	to hold the balance

剧本	劇本	jù běn	scenario
聚精会神	聚精會神	jù jīng huì shén	to gather oneself together
剧烈	劇烈	jù liè	acute
据悉	據悉	jù xī	it is reported
决策	決策	jué cè	decision
绝望	絕望	jué wàng	despair
觉悟	覺悟	jué wù	consciousness
觉醒	覺醒	jué xǐng	arousal
军队	軍隊	jūn duì	troop
卡通	卡通	kǎ tōng	cartoon
开采	開採	kāi cǎi	exploitation
开除	開除	kāi chú	to disemploy
开阔	開闊	kāi kuò	to widen
开朗	開朗	kāi lǎng	outgoing
开明	開明	kāi míng	enlightened
开辟	開闢	kāi pì	to open up
开水	開水	kāi shuǐ	boiled water
开拓	開拓	kāituò	to bring forth
开展	開展	kāi zhǎn	to develop
开支	開支	kāi zhī	expenditure
刊登	刊登	kān dēng	to publish
勘探	勘探	kān tàn	to reconnoitre

刊物	刊物	kān wù	publication
看待	看待	kàn dài	to regard
看望	看望	kàn wàng	to visit
慷慨	慷慨	kāng kǎi	generosity
扛	扛	káng	to shoulder
考察	考察	kǎo chá	exploration
考古	考古	kǎo gǔ	archaeology
考核	考核	kǎo hé	to examine
考验	考驗	kǎo yàn	to test
靠拢	靠攏	kào lǒng	to close
磕	磕	kē	to knock
颗粒	顆粒	kē lì	granule
科目	科目	kē mù	subject
可观	可觀	kě guān	considerable
可口	可口	kě kǒu	tasty
渴望	渴望	kě wàng	aspiration
可恶	可惡	kě wù	hateful
可笑	可笑	kě xiào	laughable
可行	可行	kě xíng	feasible
刻不容缓	刻不容緩	kè bù róng huǎn	instant
客户	客戶	kè hù	client
课题	課題	kè tí	task

啃	啃	kěn	to nibble
恳切	懇切	kěn qiè	earnest
坑	坑	kēng	hole
空洞	空洞	kōng dòng	cavity
空前绝后	空前絕後	kōng qián jué hòu	to surpass the past and future
空想	空想	kōng xiǎng	escapism
空虚	空虛	kōng xū	hollowness
孔	孔	kǒng	hole
恐吓	恐嚇	kǒng hè	to threaten
恐惧	恐懼	kǒng jù	to dread
空白	空白	kòng bái	blank
空隙	空隙	kòng xì	interspace
口气	口氣	kǒu qì	tone
口腔	口腔	kǒu qiāng	oral cavity
口头	口頭	kǒu tóu	oral
口音	口音	kǒu yīn	accent
枯竭	枯竭	kū jié	to dry up
枯燥	枯燥	kū zào	baldness
苦尽甘来	苦盡甘來	kǔ jìn gān lái	pain past is pleasure
挎	挎	kuà	carry on the arm
跨	跨	kuà	to step across
快活	快活	kuài huó	cheerfulness

宽敞	寬敞	kuān chuǎng	spacious
款待	款待	kuǎn dài	to feast
款式	款式	kuǎn shì	style
筐	筐	kuàng	basket
框架	框架	kuàng jià	frame
旷课	曠課	kuàng kè	absenteeism
况且	況且	kuàng qiě	besides
亏待	虧待	kuī dài	to treat unfairly
亏损	虧損	kuī sǔn	to loss
昆虫	昆蟲	kūn chóng	insect
捆绑	捆綁	kǔn bǎng	seizing
扩充	擴充	kuò chōng	to extend
扩散	擴散	kuò sàn	to diffuse
扩张	擴張	kuò zhāng	to expand
喇叭	喇叭	Lǎ ba	horn
啦	啦	la	la
来历	來歷	lái lì	origin
来源	來源	lái yuán	source
栏目	欄目	lán mù	column
懒惰	懶惰	lǎn duò	indolence
狼狈	狼狽	láng bèi	bewilderment
朗读	朗讀	lǎng dú	read aloud
捞	撈	lāo	to gain

唠叨	唠叨	láo dao	to chatter
牢固	牢固	láo gù	fastness
牢骚	牢騷	láo sāo	complaint
乐趣	樂趣	lè qù	delight
乐意	樂意	lè yì	to be willing to
雷达	雷達	léi dá	radar
类似	類似	lèi sì	analogy
冷淡	冷淡	lěng dàn	chillness
冷静	冷靜	lěng jìng	calmness
冷酷	冷酷	lěng kù	inexorability
冷却	冷卻	lěng què	cooling
愣	愣	lèng	blank
黎明	黎明	lí míng	dawn
理睬	理睬	lǐ cǎi	to pay attention to
里程碑	里程碑	lǐ chéng bēi	landmark
礼节	禮節	lǐ jié	ceremony
理所当然	理所當然	lǐ suǒ dāng rán	to go without saying
理直气壮	理直氣壯	lǐ zhí qì zhuàng	be in the right and self-confident
理智	理智	lǐ zhì	reason
立场	立場	lì chǎng	standpoint
历代	歷代	lì dài	successive dynasties

利害	利害	lì hài	formidable
立交桥	立交橋	lì jiāo qiáo	cloverleaf junction
历来	歷來	lì lái	always
利率	利率	lì ǜ	interest rate
力所能及	力所能及	lì suǒ néng jí	in one's power
立体	立體	lì tǐ	stereoscopic
力图	力圖	lì tú	to strive
力争	力爭	lì tú	to work hard for
例外	例外	lì wài	exception
立足	立足	lì zú	to base oneself upon
联欢	聯歡	lián huān	to gam
廉洁	廉潔	lián jié	probity
联络	聯絡	lián luò	to connect
连忙	連忙	lián máng	promptly
连年	連年	lián nián	in successive years
连锁	連鎖	lián suǒ	catenation
连同	連同	lián tóng	in connection with
联想	聯想	lián xiǎng	to associate
良心	良心	liáng xīn	conscience
晾	晾	liàng	to dry in the air
谅解	諒解	liàng jiě	to understand

辽阔	遼闊	liáo kuò	vast
列举	列舉	liè jǔ	to enumerate
淋	淋	lín	to drench
临床	臨床	lín chuáng	clinical
吝啬	吝嗇	lìn sè	cheeseparing
凌晨	凌晨	líng chén	wee hours
灵感	靈感	líng gǎn	inspiration
灵魂	靈魂	líng hún	soul
伶俐	伶俐	líng lì	clever
灵敏	靈敏	líng mǐn	to be sensitive to
零星	零星	líng xīng	sporadically
领会	領會	lǐng huì	comprehend
领事馆	領事館	lǐng shì guǎn	consulate
领土	領土	lǐng tǔ	territory
领悟	領悟	lǐng wù	apperception
领先	領先	lǐng xiān	to lead
领袖	領袖	lǐng xiù	cacique
溜	溜	liū	to steal
丢三落四	丟三落四	liū sān là sì	forget this & that
流浪	流浪	liú làng	wandering
留恋	留戀	liú liàn	to reluctant to depart
流露	流露	liú lù	to outpour

流氓	流氓	liú máng	blackguard
留念	留念	liú niàn	to keep as a souvenir
留神	留神	liú shén	to look out
流通	流通	liú tōng	currency
隆重	隆重	lóng zhòng	solemn
垄断	壟斷	lǒng duàn	to monopolize
聋哑	聾啞	lǒng yǎ	surdimutism
笼罩	籠罩	lǒng zhào	to fold
搂	摟	lǒu	cuddle
炉灶	爐灶	lú zhào	cooker
轮船	輪船	lún chuán	steamer
轮廓	輪廓	lún kuò	contour
轮胎	輪胎	lún tāi	tyre
论坛	論壇	lùn tán	forum
论证	論證	lùn zhèng	argumentation
啰嗦	囉嗦	luō suo	long-winded
螺丝钉	螺絲釘	luó sī dīng	screw
落成	落成	luò chéng	to complete
落实	落實	luò shí	to fulfil
络绎不绝	絡繹不絕	luò yì bù jué	in an endless stream
屡次	屢次	lǚ cì	frequently
履行	履行	lǚ xíng	to carry out

掠夺	掠奪	lüè duó	to depredate
略微	略微	lüè wēi	appreciably
麻痹	麻痹	má bì	anaesthetization
麻木	麻木	má mù	numb
麻醉	麻醉	má zuì	narcosis
码头	碼頭	mǎ tóu	dock
嘛	嘛	ma	well
埋伏	埋伏	mái fu	ambuscade
埋没	埋沒	mái mò	to cover
埋葬	埋葬	mái zàng	to bury
迈	邁	mài	to stride
脉搏	脈搏	mài bó	pulse
埋怨	埋怨	mán yuàn	to complain
漫长	漫長	màn cháng	lengthy
漫画	漫畫	màn huà	caricature
慢性	慢性	màn xìng	chronic
蔓延	蔓延	màn yán	to overspread
忙碌	忙碌	máng lù	to bustle about
茫茫	茫茫	máng máng	boundless
盲目	盲目	máng mù	blindness
茫然	茫然	mán grán	dazed
冒充	冒充	mào chōng	to imitate
茂盛	茂盛	mào shèng	flourish

枚	枚	méi	measure word
媒介	媒介	méi jiè	medium
媒体	媒體	méi tǐ	media
没辙	沒轍	mé izhé	no way to go about
美观	美觀	měi guān	aesthetic
美满	美滿	měi mǎn	happy
美妙	美妙	měi miào	beautiful
门诊	門診	mén zhěn	clinic
蒙	蒙	méng	to cheat
萌芽	萌芽	méng yá	bud
猛烈	猛烈	měng liè	violent
梦想	夢想	mèng xiǎng	dream
眯	眯	mī	to narrow
弥补	彌補	mí bǔ	to make up for
迷惑	迷惑	mí huò	to puzzle
弥漫	彌漫	mí màn	to pervade
迷人	迷人	mí rén	charming
迷失	迷失	mí shī	to wilder
迷信	迷信	mí xìn	superstition
密度	密度	mì dù	density
密封	密封	mì fēng	air proof
免得	免得	miǎn de	lest

勉励	勉勵	miǎn lì	to encourage
勉强	勉強	miǎn qiǎng	unwilling
免疫	免疫	miǎn yì	immunization
面包	麵包	miàn bāo	bread
面貌	面貌	miàn mào	visage
面子	面子	miàn zi	reputation
描绘	描繪	miáo huì	to depict
渺小	渺小	miǎo xiǎo	tiny
蔑视	蔑視	miè shì	to contemn
灭亡	滅亡	miè wáng	perdition
民间	民間	mín jiān	folk
民用	民用	mín yòng	civilian use
敏感	敏感	mǐng ǎn	sensitivity
敏捷	敏捷	mǐn jié	agility
敏锐	敏銳	mǐn ruì	acuity
名次	名次	míng cì	ranking
名额	名額	míng é	quota
名副其实	名副其實	míng fù qí shí	to be true to one's name
明明	明明	míng míng	distinctly
名誉	名譽	míng yù	reputation
命名	命名	mìng míng	to denominate
摸索	摸索	mō suǒ	to grope

膜	膜	mó	membrane
摩擦	摩擦	mó chā	to rub
模范	模範	mó fàn	exemplar
魔鬼	魔鬼	mó guǐ	devil
磨合	磨合	mó hé	to grind in
模式	模式	mó shì	pattern
魔术	魔術	mó shù	sorcery
模型	模型	mó xíng	model
抹杀	抹殺	mǒ shā	to erase
莫名其妙	莫名其妙	mò míng qí miào	without rhyme or reason
默默	默默	mò mò	silently
墨水儿	墨水兒	mò shuǐr	ink
谋求	謀求	móu qiú	to buck for
模样	模樣	mú yàng	appearance
母语	母語	mǔ yǔ	mother tongue
目睹	目睹	mù dǔ	to discern
目光	目光	mù guāng	sight
目录	目錄	mù lù	catalog
沐浴	沐浴	mù yù	bath
拿手	拿手	ná shǒu	skillful
纳闷儿	納悶兒	nà mènr	to be perplexed
耐用	耐用	nài yòng	durable

难得	難得	nán dé	one in a thousand
难看	難看	nán kàn	ugly
难免	難免	nán miǎn	inevitably
难能可贵	難能可貴	nán néng kě guì	invaluable
恼火	惱火	nǎo huǒ	to be angry
内涵	內涵	nèi hán	connotation
内幕	內幕	nèi mù	low-down
内在	內在	nèi zài	internal
能量	能量	néng liàng	energy
嗯	嗯	ng	er
年度	年度	nián dù	year
捏	捏	niē	to nip
凝固	凝固	níng gù	concreting
凝聚	凝聚	níng jù	to agglomerate
凝视	凝視	níng shì	to gaze
拧	擰	nǐng	to screw
拟定	擬定	nǐng dìng	to study out
宁肯	寧肯	nìng kěn	would rather
宁愿	寧願	nìng yuàn	would rather
纽扣儿	紐扣兒	niǔ kòur	fastener
扭转	扭轉	niǔ zhuǎn	torsion
浓厚	濃厚	nóng hòu	dense

农历	農曆	nóng lì	lunar calendar
奴隶	奴隸	nú lì	slave
挪	挪	nuó	to move
虐待	虐待	nüè dài	to abuse
哦	哦	o	oh
殴打	毆打	ōu dǎ	to beat up
欧洲	歐洲	Ōu zhōu	Europe
呕吐	嘔吐	ǒu tù	to disgorge
趴	趴	pā	to grovel
排斥	排斥	pái chì	to blackball
排除	排除	pái chú	to exclude
排放	排放	pái fàng	emission
徘徊	徘徊	pái huái	to hesitate
派别	派別	pài bié	faction
派遣	派遣	pài qiǎn	to dispatch
攀登	攀登	pān dēng	to climb
盘旋	盤旋	pán xuán	to circle
畔	畔	pàn	bank
判决	判決	pàn jué	to adjudge
庞大	龐大	páng dà	tremendous
抛弃	拋棄	pāo qì	to abandon
泡沫	泡沫	pào mò	bubble
培养	培養	péi yǎng	to cultivate

培育	培育	péi yù	to foster
配备	配備	pèi bèi	to equip
配偶	配偶	pèi ǒu	spouse
配套	配套	pèi tào	a complete set
盆地	盆地	pén dì	basin
烹饪	烹飪	pēng rèn	to cook
捧	捧	pěng	hold- both hands
劈	劈	pī	to hag
批发	批發	pī fā	wholesale
批判	批判	pī pàn	to animadvert on
疲惫	疲憊	pí bèi	tired
皮革	皮革	pí gé	leather
疲倦	疲倦	pí juàn	languor
屁股	屁股	pì gu	butt
譬如	譬如	pì rú	for example
偏差	偏差	piān chā	windage
偏僻	偏僻	piān pì	remote
偏见	偏見	piān jiàn	prejudice
偏偏	偏偏	piān piān	contrary to what is expected
片断	片斷	piàn duàn	dribs and drabs
片刻	片刻	piàn kè	awhile
漂浮	漂浮	piāo fú	to float
飘扬	飄揚	piāo yáng	to flutter

拼搏	拼搏	pīn bó	to struggle
拼命	拼命	pīn mìng	at full split
贫乏	貧乏	pín fá	lacking
频繁	頻繁	pín fán	frequently
贫困	貧困	pín kùn	poverty
频率	頻率	pín lǜ	frequency
品尝	品嘗	pǐn cháng	to taste
品德	品德	pǐn dé	morality
品行	品行	pǐn xíng	behavior
品质	品質	pǐn zhì	character
平凡	平凡	píng fán	common
评估	評估	píng gū	to evaluate
评论	評論	píng lùn	criticism
平面	平面	píng miàn	plane
平坦	平坦	píng tǎn	flat
平行	平行	píng xíng	parallel
平原	平原	píng yuán	plain
屏障	屏障	píng zhàng	barrier
颇	頗	pō	considerably
坡	坡	pō	slope
泼	潑	pō	to slosh
迫不及待	迫不及待	pò bù jí dài	to ager
魄力	魄力	pò lì	courage

破例	破例	pò lì	to break rules
迫切	迫切	pò qiè	imminence
扑	撲	pū	to pounce on
铺	鋪	pū	to spread
普及	普及	pǔ jí	popularization
朴实	樸實	pǔ shí	guileless
瀑布	瀑布	pù bù	waterfall
欺负	欺負	qī fu	to bait
凄凉	凄涼	qī liáng	dreariness
欺骗	欺騙	qī piàn	to bam
期望	期望	qī wàng	expectation
期限	期限	qī xiàn	time limit
奇妙	奇妙	qí miào	fantastic
旗袍	旗袍	qí páo	cheong-sam
齐全	齊全	qí quán	complete
歧视	歧視	qí shì	to discriminate
齐心协力	齊心協力	qí xīn xié lì	to make concerted effort
旗帜	旗幟	qí zhì	flag
起草	起草	qǐ cǎo	to draft out
启程	啟程	qǐc héng	to set out
起初	起初	qǐ chū	in the beginning
起伏	起伏	qǐ fú	ups and downs

乞丐	乞丐	qǐ gài	beggar
起哄	起哄	qǐ hòng	gather together, creating a disturbance
起码	起碼	qǐ mǎ	at least
启事	啟事	qǐ shì	announcement
启示	啟示	qǐ shì	apocalypse
起义	起義	qǐ yì	insurgence
岂有此理	豈有此理	qǐ yǒu cǐ lǐ	darned
起源	起源	qǐ yuán	origin
器材	器材	qì cái	equipment
气概	氣概	qì gài	spirit
气功	氣功	qì gōng	breathing exercise
器官	器官	qì guān	apparatus
迄今为止	迄今為止	qì jīn wéi zhǐ	so far
气魄	氣魄	qì pò	verve
气势	氣勢	qì shì	look of great force or imposing manner
气味	氣味	qì wèi	odor
气象	氣象	qì xiàng	weather
气压	氣壓	qì yā	air pressure
掐	掐	qiā	to nip
恰当	恰當	qià dàng	felicitous

恰到好处	恰到好處	qià dào hǎo chù	just right
恰巧	恰巧	qià qiǎo	by coincidence
洽谈	洽談	qià tán	to discuss
牵扯	牽扯	qiān chě	to drag in
签订	簽訂	qiān míng	to sign
千方百计	千方百計	qiān fāng bǎi jì	leave no stone unturned
迁就	遷就	qiān jiù	to indulge
签署	簽署	qiān shǔ	to affix to
迁徙	遷徙	qiān xǐ	to migrate
谦逊	謙遜	qiān xùn	modest
牵制	牽制	qiān zhì	to tie up
前景	前景	qián jǐng	foreground
潜力	潛力	qián lì	potential
潜水	潛水	qián shuǐ	to dive
前提	前提	qián tí	premise
潜移默化	潛移默化	qián yí mò huà	imperceptible
谴责	譴責	qiǎn zé	accusal
强迫	強迫	qiáng pò	to compel
抢劫	搶劫	qiǎng jié	to dacoity
抢救	搶救	qiǎng jiù	to salvage
桥梁	橋樑	qiáo liáng	bridge

翘	翹	qiào	to raise
锲而不舍	鍥而不捨	qiè ér bù shě	to perseverance
切实	切實	qiè shí	practical
侵犯	侵犯	qīn fàn	to infringe
钦佩	欽佩	qīn pèi	to admire
亲热	親熱	qīn rè	intimate
亲身	親身	qīn shēn	personally
勤俭	勤儉	qín jiǎn	thrift
勤恳	勤懇	qín kěn	diligent
氢	氫	qīng	hydrogen
清澈	清澈	qīng chè	limpidity
清晨	清晨	qīng chén	morning
清除	清除	qīng chú	to clean out
轻而易举	輕而易舉	qīng ér yì jǔ	with no difficulty
清洁	清潔	qīng jié	clean
清理	清理	qīng lǐ	to clean up
倾听	傾聽	qīng tīng	give audience to
清晰	清晰	qīng xī	in focus
倾向	傾向	qīng xiàng	tendency
倾斜	傾斜	qīng xiē	to lean
清真	清真	qīng zhēn	muslim
情报	情報	qíng bào	witting
情节	情節	qíng jié	polt

晴朗	晴朗	qíng lǎng	sunny
情理	情理	qíng lǐ	sense
情形	情形	qíng xíng	condition
请柬	請柬	qǐng jiǎn	invitation
请教	請教	qǐng jiào	to consult
请示	請示	qǐng shì	to ask for instructions
请帖	請帖	qǐng tiě	invitation card
丘陵	丘陵	qiū líng	hill
区分	區分	qū fēn	to distinguish
屈服	屈服	qū fú	to give in
区域	區域	qū yù	area
驱逐	驅逐	qūz hú	abjection
管道	管道	guǎn dào	channel
取缔	取締	qǔ dì	to ban
曲子	曲子	qǔ zi	melody
趣味	趣味	qù wèi	interest
全局	全域	quán jú	overall situation
圈套	圈套	quān tào	snare
权衡	權衡	quán héng	to balance
全力以赴	全力以赴	quán lì yǐ fù	do one's level best
拳头	拳頭	quán tou	fist
权威	權威	quán wēi	authority

权益	權益	quán yì	rights & interests
犬	犬	quǎn	canine
缺口	缺口	quē kǒu	gap
缺席	缺席	quē xí	absence
缺陷	缺陷	quē xiàn	disfigurement
瘸	瘸	qué	lame
确保	確保	què bǎo	to insure
确立	確立	què lì	to establish
确切	確切	què qiè	exact
确信	確信	què xìn	to assure
群众	群眾	qún zhòng	the masses
染	染	rǎn	to dye
让步	讓步	ràng bù	to come to terms
饶恕	饒恕	ráo shù	to excuse
扰乱	擾亂	rǎo luàn	to disarrange
惹祸	惹禍	rě huò	to ask for trouble
热泪盈眶	熱淚盈眶	rè lèi yíng kuàng	eyes filled with tears
热门	熱門	rè mén	popular
仁慈	仁慈	rén cí	beneficence
人道	人道	rén dào	humanism
人格	人格	rén gé	personality
人工	人工	rén gōng	man-made

人家	人家	rén jiā	other people
人间	人間	rén jiān	world
人士	人士	rén shì	personage
人为	人為	rén wéi	artificial
人性	人性	rén xìng	human nature
人质	人質	rén zhì	hostage
忍耐	忍耐	rěn nài	to keep one's temper
忍受	忍受	rěn shòu	to abide
认定	認定	rèn dìng	to firmly believe
认可	認可	rèn kě	to approbate
任命	任命	rèn mìng	to appoint
任性	任性	rèn xìng	freeness
任意	任意	rèn yì	discretionarily
任重道远	任重道遠	rèn zhòng dào yuǎn	long way to go
仍旧	仍舊	réng jiù	still
日新月异	日新月異	rì xīn yuè yì	with each passing day
日益	日益	rì yì	increasingly
溶解	溶解	róng jiě	to melt
容貌	容貌	róng mào	feature
容纳	容納	róng nà	to accommodate
容器	容器	róng qì	vessel

融洽	融洽	róng qià	harmonious
容忍	容忍	róng rěn	to put up with
揉	揉	róu	to knead
柔和	柔和	róu hé	soft
弱点	弱點	ruò diàn	chink
若干	若干	ruò gān	some
撒谎	撒謊	sā huǎng	to lie
腮	腮	sāi	cheek
三角	三角	sān jiǎo	triangle
散文	散文	sǎn wén	essay
散步	散步	sàn bù	to go for a walk
丧失	喪失	sàng shī	to be bankrupt in
嫂子	嫂子	sǎo zi	sister in law
色彩	色彩	sè cǎi	color
啥	啥	shá	what
假使	假使	shǎ shǐ	to suppose
筛选	篩選	shāi xuān	to filter
山脉	山脈	shān mài	cordillera
闪烁	閃爍	shǎn shuò	to coruscate
擅长	擅長	shàn cháng	to be accomplished in
擅自	擅自	shàn zì	to make bold to
商标	商標	shāng biāo	brand

伤脑筋	傷腦筋	shāng nǎo jīn	bothersome
敞开	敞開	chǎng kāi	to open wide
上级	上級	shàng jí	superior
上进心	上進心	shàng jìn xīn	motivation
上任	上任	shàng rèn	to take office
上瘾	上癮	shàng yǐn	to addict to
上游	上游	shàng yóu	upstream
梢	梢	shāo	tip of branch
捎	捎	shāo	to bring along
哨	哨	shào	whistle
奢侈	奢侈	shē chǐ	luxury
涉及	涉及	shè jí	to deal with
设立	設立	shè lì	to set up
小区	社區	shè qū	community
摄取	攝取	shè qǔ	to incept
摄氏度	攝氏度	shè shì dù	Celsius
设想	設想	shè xiǎng	to assume
设置	設置	shè zhì	to intercalate
深奥	深奧	shēn ào	abstruseness
申报	申報	shēn bào	to declare
深沉	深沉	shēn chén	deep
深情厚谊	深情厚誼	shēn qíng hòu yì	profound friendship

绅士	紳士	shēn shì	gentleman
呻吟	呻吟	shēn yín	to groan
神奇	神奇	shén qí	miraculous
神气	神氣	shén qì	perky
神情	神情	shén qíng	look
神色	神色	shén sè	expression
神圣	神聖	shén shèng	holy
神态	神態	shén tài	mien
神仙	神仙	shén xiān	immortal
审查	審查	shěn chá	checkup
审美	審美	shěn měi	to taste
审判	審判	shěn pàn	to put to trial
渗透	滲透	shèn tòu	to infiltrate
慎重	慎重	shèn zhòng	careful
牲畜	牲畜	shēng chù	livestock
生存	生存	shēng cún	to exist
生机	生機	shēng jī	vital force
生理	生理	shēng lǐ	physiological
声明	聲明	shēng míng	to assert
声势	聲勢	shēng shì	momentum
生疏	生疏	shēng shū	rusty
生态	生態	shēng tài	ecology
生物	生物	shēng wù	organism

生效	生效	shēng xiào	to become effective
生锈	生銹	shēng xiù	to rust
声誉	聲譽	shēng yù	reputation
生育	生育	shēng yù	to procreate
省会	省會	shěng huì	provincial capital
盛产	盛產	shèng chǎn	to abound
胜负	勝負	shèng fù	victory or defeat
盛开	盛開	shèng kāi	to bloom
盛情	盛情	shèng qíng	hospitality
盛行	盛行	shèng xíng	to prevail
师范	師範	shī fàn	teacher-training
施加	施加	shī jiā	infliction
尸体	屍體	shī tǐ	ashes
施展	施展	shī zhǎn	to display
失踪	失蹤	shī zōng	disappearance
拾	拾	shí	to pick up
识别	識別	shí bié	to identify
时差	時差	shí chā	time difference
时常	時常	shí cháng	frequently
时而	時而	shí ér	occassionally
时光	時光	shí guāng	time
实惠	實惠	shí huì	boon
时机	時機	shí jī	opportunity

实力	實力	shí lì	strength
实施	實施	shí shī	to actualize
时事	時事	shí shì	current affairs
石油	石油	shí yóu	petroleum
实质	實質	shí zhì	parenchyma
时装	時裝	shí zhuāng	fashionable dress
十足	十足	shí zú	downright
使命	使命	shǐ mìng	mission
势必	勢必	shì bì	to be bound to
世代	世代	shì dài	for generations
示范	示範	shì fàn	demonstration
释放	釋放	shì fàng	to release
是非	是非	shì fēi	right and wrong
事故	事故	shì gù	accident
世纪	世紀	shì jì	century
世界	世界	shì jiè	world
世界观	世界觀	shì jiè guān	world point of view or outlook
视力	視力	shì lì	eyesight
势力	勢力	shì lì	force
实事求是	實事求是	shì shí qiú shì	seeking truth from facts
逝世	逝世	shì shì	to die
事态	事態	shì tài	a state of affairs

试图	試圖	shì tú	to attempt
示威	示威	shì wēi	to demonstrate
事务	事務	shì wù	affair
视线	視線	shì xiàn	line of sight
事项	事項	shì xiàng	item
试验	試驗	shì yàn	experimentation
视野	視野	shì yě	eyeshot
事业	事業	shì yè	career
事宜	事宜	shì yí	issue
示意	示意	shì yì	to hint
收缩	收縮	shōu suǒ	to contract
收音机	收音機	shōu yīn jī	radio
手法	手法	shǒu fǎ	ploy
守护	守護	shǒu hù	guardianship
手势	手勢	shǒu shì	gesture
首要	首要	shǒu yào	chiefly
手艺	手藝	shǒu yì	craft
授予	授予	shòu yǔ	to award
受罪	受罪	shòu zuì	to suffer
舒畅	舒暢	shū chàng	comfortable
书法	書法	shū fǎ	calligraphy
疏忽	疏忽	shū hu	cursoriness
书籍	書籍	shū jí	book

书记	書記	shū ji	secretary
书面	書面	shū miàn	written form
数	數	shǔ	to count
束	束	shù	bundle
竖	豎	shù	to erect
数额	數額	shù' é	amount
束缚	束縛	shù fù	to restrict
树立	樹立	shù lì	to build up
数目	數目	shù mù	number
耍	耍	shuǎ	to play
衰老	衰老	shuāi lǎo	to become old
衰退	衰退	shuāi tuì	to decay
率领	率領	shuài lǐng	to lead
涮火锅	涮火鍋	shuàn huǒ guō	to eat hot pot
爽快	爽快	shuǎng kuài	kindly
水利	水利	shuǐ lì	water conservancy
水龙头	水龍頭	shuǐ lóng tóu	tap
水泥	水泥	shuǐ ní	cement
司法	司法	sī fǎ	judicature
司令	司令	sī lìng	chief of staff
思念	思念	sī niàn	to miss
思索	思索	sī suǒ	to think

思维	思維	sī wéi	thought
斯文	斯文	sī wén	gentle
思绪	思緒	sī xù	thinking
私自	私自	sī zì	privately
死亡	死亡	sǐ wáng	death
肆无忌惮	肆無忌憚	sì wú jì dàn	unscrupulous
饲养	飼養	sì yǎng	to breed
四肢	四肢	sì zhī	extremity
耸	聳	sǒng	to shrug
艘	艘	sōu	word for warships
搜索	搜索	sōu suǒ	to hunt
苏醒	蘇醒	sū xǐng	vivification
俗话	俗話	sú huà	colloquialism
素食主义	素食主義	sù shí zhǔ yì	vegetarianism
诉讼	訴訟	sù sòng	lawsuit
塑造	塑造	sù zào	to mold
素质	素質	sù zhi	diathesis
算了	算了	suàn le	forget it
算数	算數	suàn shù	to count
随即	隨即	suí jí	with that
随身	隨身	suí shēn	take with
随手	隨手	suí shǒu	conveniently
随意	隨意	suí yì	random

隧道	隧道	suì dào	tunnel
岁月	歲月	suì yuè	years
损坏	損壞	sǔn huài	to mangle
索赔	索賠	suǒ péi	to claim for compensation
索性	索性	suǒ xìng	simply
塌	塌	tā	to collapse
踏实	踏實	tā shi	practical
台风	颱風	tái fēng	typhoon
泰斗	泰斗	tài dǒu	leading authority
太空	太空	tài kōng	outer space
瘫痪	癱瘓	tān huàn	paralysis
贪婪	貪婪	tān lǎn	greed
贪污	貪污	tān wū	to defalcate
弹性	彈性	tán xìng	flexibility
坦白	坦白	tǎn bái	to confess
探测	探測	tàn cè	to probe
叹气	歎氣	tàn qì	sigh
探索	探索	tàn suǒ	to explore
探讨	探討	tàn tǎo	to discuss
探望	探望	tàn wàng	to visit
糖葫芦	糖葫蘆	táng hú lu	candied fruit
倘若	倘若	tǎng ruò	provided

趟	趟	tàng	time
摊儿	攤兒	tānr	booth
掏	掏	tāo	to draw out
滔滔不绝	滔滔不絕	tāo tāo bù jué	to dash along
陶瓷	陶瓷	táo cí	ceramics
淘气	淘氣	táo qì	naughty
淘汰	淘汰	táo tài	to wash out
讨价还价	討價還價	tǎo jià huánjià	to bargain
特长	特長	tè cháng	one's strong suit
特定	特定	tè dìng	specific
特色	特色	tè sè	shtick
提拔	提拔	tí bá	to promote
题材	題材	tí cái	subject-matter
提炼	提煉	tí liàn	to abstract
提示	提示	tí shì	cue
提议	提議	tí yì	to suggest
体谅	體諒	tǐ liàng	consideration
体面	體面	tǐ miàn	grace
体系	體系	tǐ xì	system
天才	天才	tiān cái	genius
天伦之乐	天倫之樂	tiān lún zhī lè	happiness of family life

天然气	天然氣	tiān rán qì	natural gas
天生	天生	tiān shēng	innate
天堂	天堂	tiān táng	heaven
天文	天文	tiān wén	astronomy
田径	田徑	tián jìng	track and field
舔	舔	tiǎn	to lap
条款	條款	tiáo tì	article
挑剔	挑剔	tiāo tì	to carp at
调和	調和	tiáo hé	harmonious
调剂	調劑	tiáo jì	to adjust
调节	調節	tiáo jié	to regulate
调解	調解	tiáo jiě	to mediate
条理	條理	tiáo lǐ	consecution
调料	調料	tiáo liào	seasoning
条约	條約	tiáo yuē	treaty
挑拨	挑撥	tiǎo bō	to stir up tensions among others
挑衅	挑釁	tiǎo xìn	provocation
跳跃	跳躍	tiào yuè	to caper
停泊	停泊	tíng bó	to berth
停顿	停頓	tíng dùn	pause
停滞	停滯	tíng zhì	stasis
亭子	亭子	tíng zi	pavilion

挺拔	挺拔	tǐng bá	tall and straight
通货膨胀	通貨膨脹	tōng huò péng zhàng	inflation
通俗	通俗	tōng sú	popular
通用	通用	tōng yòng	currency
同胞	同胞	tóng bāo	brethren
童话	童話	tóng huà	fairy tale
铜矿	銅礦	tóng kuàng	copper mine
同志	同志	tóng zhì	comrade
统筹兼顾	統籌兼顧	tǒng chóu jiān gù	planning, considering all aspects
统计	統計	tǒng jì	statistics
统统	統統	tǒng tǒng	all
投机	投機	tóu jī	to be a speculator
投票	投票	tóu piào	to poll
投降	投降	tóu xiáng	to capitulate
投掷	投擲	tóu zhì	to cast
秃	秃	tū	bald
突破	突破	tū pò	to break through
图案	圖案	tú àn	pattern
徒弟	徒弟	tú dì	prentice
途径	途徑	tú jìng	approach
涂抹	塗抹	tú mǒ	to daub

土壤	土壤	tǔ rǎng	soil
团结	團結	tuán jié	solidarity
团体	團體	tuán tǐ	fellowship
团圆	團圓	tuán yuán	reunion
推测	推測	tuī cè	to speculate
推翻	推翻	tuī fān	to overset
推论	推論	tuī lùn	to deduce
推销	推銷	tuī xiāo	salesmanship
推理	推理	tuī lǐ	speculative
吞咽	吞咽	tūn yàn	to swallow
脱离	脫離	tuō lí	to disengage
拖延	拖延	tuō yán	to prolong
托运	托運	tuō yùn	to consign for shipment
妥当	妥當	tuǒ dàng	appropriate
妥善	妥善	tuǒ shàn	properly
妥协	妥協	tuǒ xié	compromise
椭圆	橢圓	tuǒ yuán	ellipse
唾沫	唾沫	tuò mo	saliva
挖掘	挖掘	wā jué	to dig
娃娃	娃娃	wá wa	dull
瓦解	瓦解	wǎ jiě	to collapse
袜子	襪子	wà zi	sock

哇	哇	wa	wow
歪曲	歪曲	wāi qū	to distort
外表	外表	wài biǎo	appearance
外行	外行	wài háng	layman
外界	外界	wài jiè	the outside world
外向	外向	wài xiàng	extroverted
丸	丸	wán	pill
完备	完備	wán bèi	complete
完毕	完畢	wán bì	to done with
顽固	頑固	wán gù	stubborn
玩弄	玩弄	wán nòng	to toy with
顽强	頑強	wán qiáng	brawniness
玩意儿	玩意兒	wán yìr	toy
挽回	挽回	wǎn huí	to retrieve
挽救	挽救	wǎn jiù	to save
惋惜	惋惜	wǎn xī	to bemoan
万分	萬分	wàn fēn	extremely
往常	往常	wǎng cháng	habitually in the past
网络	網路	wǎng luò	network
往事	往事	wǎng shì	past events
妄想	妄想	wàng xiǎng	to attempt vainly
微不足道	微不足道	wēi bùzúdào	negligible

威风	威風	wēi fēng	portliness
微观	微觀	wēi guān	micro
危机	危機	wēi jī	crisis
威力	威力	wēi lì	power
威望	威望	wēi wàng	prestige
危险	危險	wēi xiǎn	danger
威信	威信	wēi xìn	authority
违背	違背	wéi bèi	to be contrary to
维持	維持	wéi chí	to maintain
唯独	唯獨	wéi dú	exceptionally
为难	為難	wéi nán	to baffle
为期	為期	wéi qī	duration
维生素	維生素	wéi shēng sù	vitamin
为首	為首	wéi shǒu	to take the lead
维修	維修	wéi xiū	maintenance
委员	委員	wěi yuán	commissary
伪造	偽造	wěi zào	to fabricate
未必	未必	wèi bì	not sure
畏惧	畏懼	wèi jù	to fear
胃口	胃口	wèi kǒu	appetite
未免	未免	wèi miǎn	rather
慰问	慰問	wèi wèn	to condole
卫星	衛星	wèi xīng	satellite

位于	位於	wèi yú	to locate
温带	溫帶	wēn dài	temperate zone
温和	溫和	wēn hé	moderate
文凭	文憑	wén píng	diploma
文物	文物	wén wù	cultural relic
文献	文獻	wén xiàn	literature
文雅	文雅	wén yǎ	elegant
文艺	文藝	wén yì	literature and art
问世	問世	wèn shì	to come out
窝	窩	wō	cote
乌黑	烏黑	wū hēi	jet black
污蔑	污蔑	wū miè	vilification
诬陷	誣陷	wū xiàn	false charges
无比	無比	wú bǐ	extremely
无偿	無償	wú cháng	freely
无耻	無恥	wú chǐ	shameless
无从	無從	wú cóng	no way to go about
舞蹈	舞蹈	wú dǎo	dance
无动于衷	無動於衷	wú dòng yú zhōng	to be unmoved
无非	無非	wú fēi	no more than
无精打采	無精打采	wú jīng dǎ cǎi	listless

无可奉告	無可奉告	wú kě fèng gào	no comment on
无可奈何	無可奈何	wú kě nài hé	to have nothing to do
无赖	無賴	wú lài	rascal
无理取闹	無理取鬧	wú lǐ qǔ nào	deliberately provocative
无能为力	無能為力	wú néng wéi lì	powerless
无穷无尽	無窮無盡	wú qióng wú jìn	endless
侮辱	侮辱	wǔ rǔ	to affront
无微不至	無微不至	wú wēi bù zhì	considerable
无忧无虑	無憂無慮	wú yōu wú lǜ	carefree
无知	無知	wú zhī	ignorance
武侠	武俠	wǔ xiá	martial arts
武装	武裝	wǔ zhuāng	arming
勿	勿	wù	do not
务必	務必	wùbì	must
误差	誤差	wù chā	deviation
误解	誤解	wù jiě	to misapprehend
物美价廉	物美價廉	wù měi jià lián	filling at the price
务实	務實	wù shí	pragmatic
物资	物資	wù zī	material

溪	溪	xī	brook
膝盖	膝蓋	xī gài	knee
熄灭	熄滅	xī miè	to crush out
吸取	吸取	xī qǔ	to extract
昔日	昔日	xī rì	formerly
牺牲	犧牲	xī shēng	to sacrifice
夕阳	夕陽	xī yáng	sunset
媳妇	媳婦	xí fu	wife
袭击	襲擊	xí jī	to attack
习俗	習俗	xí sú	consuetude
喜闻乐见	喜聞樂見	xǐ wén lè jiàn	pleased to see
喜悦	喜悅	xǐ yuè	gladness
细胞	細胞	xì bāo	cell
细菌	細菌	xì jūn	bacilli
系列	系列	xì liè	series
细致	細緻	xì zhì	meticulous
霞	霞	xiá	afterglow
狭隘	狹隘	xiá ài	narrow
峡谷	峽谷	xiá gǔ	canyon
狭窄	狹窄	xiá zhǎi	narrow
夏令营	夏令營	xià lìng yíng	summer camp
下属	下屬	xià shǔ	underling
先进	先進	xiān jìn	advanced

先前	先前	xiān liè	before
鲜明	鮮明	xiān míng	bright
掀起	掀起	xiān qǐ	to lift
纤维	纖維	xiān wéi	fibre
弦	弦	xián	bowstring
嫌	嫌	xián	to dislike
闲话	閒話	xián huà	claver
贤慧	賢慧	xián huì	virtuous
衔接	銜接	xián jiē	to join
嫌疑	嫌疑	xián yí	suspicion
显著	顯著	xiǎn zhù	obvious
现场	現場	xiàn chǎng	scene
现成	現成	xiàn chéng	ready-made
宪法	憲法	xiàn fǎ	constitution
陷害	陷害	xiàn hài	circumvention
陷入	陷入	xiàn rù	to plunge
线索	線索	xiàn suǒ	clue
现状	現狀	xiàn zhuàng	actuality
相差	相差	xiāng chà	to differ
相等	相等	xiāng děng	to be equal to
相辅相成	相輔相成	xiāng fǔ xiāng chéng	complementary
镶嵌	鑲嵌	xiāng qiàn	to beset

相应	相應	xiāng yìng	relatively
乡镇	鄉鎮	xiāng zhèn	villages & towns
想方设法	想方設法	xiǎng fāng shè fǎ	to leave no stone unturned
响亮	響亮	xiǎng liàng	loud and clear
巷	巷	xiàng	alley
向导	嚮導	xiàng dǎo	guide
向来	向來	xiàng lái	all along
向往	嚮往	xiàng wǎng	to desire
馅儿	餡兒	xiànr	stuffing
消除	消除	xiāo chú	to avoid
消毒	消毒	xiāo dú	to disinfect
消防	消防	xiāo fáng	fire protection
消耗	消耗	xiāo hào	to consume
销毁	銷毀	xiāo huǐ	to destroy
消极	消極	xiāo jí	negative
小心翼翼	小心翼翼	xiǎo xīn yì yì	carefully
肖像	肖像	xiào xiàng	portrait
效益	效益	xiào yì	benefit
携带	攜帶	xié dài	to schlep
协会	協會	xié huì	association
协助	協助	xié zhù	assistance
写作	寫作	xiě zuò	composition

屑	屑	xiè	crumb
谢绝	謝絕	xiè jué	decline w/ thanks
泄露	洩露	xiè lòu	to divulge
泄气	洩氣	xiè qì	to despair
新陈代谢	新陳代謝	xīn chén dài xiè	metabolism
心得	心得	xīn dé	gained knowledge
辛苦	辛苦	xīn kǔ	hard
新郎	新郎	xīn láng	bridegroom
心灵	心靈	xīn líng	heart
新娘	新娘	xīn niáng	bride
辛勤	辛勤	xīn qín	industrious
薪水	薪水	xīn shuǐ	salary
心态	心態	xīn tài	mentality
心疼	心疼	xīn téng	distressed
欣慰	欣慰	xīn wèi	glad
欣欣向荣	欣欣向榮	xīn xīn xiàng róng	flourishing
心血	心血	xīn xuè	heart blood
心眼儿	心眼兒	xīn yǎnr	mind
新颖	新穎	xīn yǐng	new
信赖	信賴	xìn lài	to depend
信念	信念	xìn niàn	faith
信仰	信仰	xìn yǎng	belief

信誉	信譽	xìn yù	credit standing
腥	腥	xīng	fishy smell
兴隆	興隆	xīng lóng	boom
兴旺	興旺	xīng wàng	boom
刑事	刑事	xíng shì	criminal
形态	形態	xíng tài	modality
行政	行政	xíng zhèng	administration
兴高采烈	興高采烈	xìnggāocǎiliè	in high spirits
幸好	幸好	xìng hǎo	just as well
性命	性命	xìng mìng	life
性能	性能	xìng néng	performance
性情	性情	xìng qíng	temperament
兴致勃勃	興致勃勃	xìng zhì bó bó	in spirits
凶恶	兇惡	xiōng è	fierce
胸怀	胸懷	xiōng huái	bosom
凶手	兇手	xiōng shǒu	murderer
胸膛	胸膛	xiōng táng	thoraces
雄厚	雄厚	xióng hòu	powerful
羞耻	羞恥	xiū chǐ	shame
修复	修復	xiū fù	rehab
修建	修建	xiū jiàn	to construct
修理	修理	xiū lǐ	to fix

休养	休養	xiū yǎng	to recuperate
绣	繡	xiù	to embroider
嗅觉	嗅覺	xiù jué	olfaction
虚假	虛假	xū jiǎ	fake
需求	需求	xū qiú	to demand
虚荣	虛榮	xū róng	peacockery
虚伪	虛偽	xū wěi	hypocritical
须知	須知	xū zhī	notice
许可	許可	xǔ kě	admission
酗酒	酗酒	xù jiǔ	to binge drink
畜牧	畜牧	xù mù	farming
序言	序言	xù yán	preliminary remarks
宣誓	宣誓	xuān shì	juration
宣扬	宣揚	xuān yáng	to blazon forth
悬挂	懸掛	xuán guà	to swing from
旋律	旋律	xuán lǜ	rhythm
悬念	懸念	xuán niàn	suspense
悬崖峭壁	懸崖峭壁	xuán yá qiào bì	cliff
旋转	旋轉	xuán zhuǎn	to whirl
选拔	選拔	xuǎn bá	to select
选手	選手	xuǎn shǒu	contestant
削弱	削弱	xuē ruò	to weaken

学历	學歷	xué lì	educational background
学说	學說	xué shuō	theory
学位	學位	xué wèi	degree
雪上加霜	雪上加霜	xuě shàng jiā shuāng	worse
血压	血壓	xuè yā	blood pressure
熏陶	薰陶	xūn táo	Influence
循环	迴圈	xún huán	to circulate
巡逻	巡邏	xún luó	to patrol
寻觅	尋覓	xún mì	to seek
循序渐进	循序漸進	xún xù jiàn jìn	step by step
押金	押金	yā jīn	deposit
压迫	壓迫	yā pò	crackdown
压岁钱	壓歲錢	yā suì qián	lucky money
压缩	壓縮	yā suǒ	to compress
压抑	壓抑	ā yì	inhibition
压榨	壓榨	yā zhà	to squeeze
压制	壓制	yā zhì	to suppress
亚军	亞軍	yà jūn	runner-up
烟花爆竹	煙花爆竹	yān huā bào zhú	fireworks
淹没	淹沒	yān mò	to flood
沿海	沿海	yán hǎi	coastal

严寒	嚴寒	yán hán	bitter cold
严禁	嚴禁	yán jìn	strictly prohibit
严峻	嚴峻	yán jùn	grim
严厉	嚴厲	yán lì	stern
言论	言論	yán lùn	free press
严密	嚴密	yán mì	strict
延期	延期	yán qī	to postponed
炎热	炎熱	yán rè	hot
延伸	延伸	yán shēn	to extend
岩石	岩石	yán shí	rock
延续	延續	yán xù	to continue
演变	演變	yǎn biàn	evolvement
掩盖	掩蓋	yǎn gài	to cover up
眼光	眼光	yǎn guāng	vision
掩护	掩護	yǎn hù	coverture
演讲	演講	yǎn jiǎng	lecture
眼色	眼色	yǎn sè	hint, signal with one's eyes
眼神	眼神	yǎn shén	expression in one's eyes
掩饰	掩飾	yǎn shì	to cover up
演习	演習	yǎn xí	dry run
眼下	眼下	yǎn xià	at this stage
演绎	演繹	yǎn yì	illation

演奏	演奏	yǎn zòu	performance
验收	驗收	yàn shōu	to check and accept
厌恶	厭惡	yàn wù	to abhor
验证	驗證	yàn zhèng	to validate
氧气	氧氣	yǎng qì	oxygen
样品	樣品	yàng pǐn	sample
摇晃	搖晃	yáo huàng	rumble-tumble
摇摆	搖擺	yáo bǎi	to swing
摇滚	搖滾	yáo gǔn	rock
遥控	遙控	yáo kòng	remote control
谣言	謠言	yáo yán	canard
遥远	遙遠	yáo yuǎn	distant
咬牙切齿	咬牙切齒	yǎo yá qiè chǐ	to grind one's teeth
要不然	要不然	yào bù rán	or else
要点	要點	yào diǎn	cruces
要命	要命	yào mìng	terribly
要素	要素	yào sù	factor
耀眼	耀眼	yào yǎn	dazzling
野蛮	野蠻	yě mán	brutal
野心	野心	yě xīn	ambition
依次	依次	yī cì	in turn

一度	一度	yī dù	for a time
一贯	一貫	yī guàn	all along
依旧	依舊	yī jiù	as of old
依据	依據	yī jù	according to
依靠	依靠	yī kào	to depend on
依赖	依賴	yī lài	to build upon
一流	一流	yī liú	the best
一律	一律	yī lǜ	all and singular
一目了然	一目了然	yī mù liǎo rán	clear at a glance
衣裳	衣裳	yī shang	clothes
依托	依託	yī tuō	to rely on
一向	一向	yī xiàng	all along
一再	一再	yī zài	repeatedly
遗产	遺產	yí chǎn	bequest
遗传	遺傳	yí chuán	inheritance
疑惑	疑惑	yí huò	to doubt
遗留	遺留	yí liú	to bequeath
仪器	儀器	yí qì	apparatus
遗失	遺失	yí shī	to lose
仪式	儀式	yí shì	ceremony
以便	以便	yǐ biàn	in order to
以免	以免	yǐ miǎn	for fear

以往	以往	yǐ wǎng	anciently
以致	以致	yǐ zhì	so as to
以至	以至	yǐ zhì	up to
亦	亦	yì	also
翼	翼	yì	wing
异常	異常	yì cháng	abnormal
一帆风顺	一帆風順	yī fān fēng shùn	plain sailing
一举两得	一舉兩得	yī jǔ liǎng dé	kill two birds with one stone
毅力	毅力	yì lì	perseverance
意料	意料	yì liào	to expect
毅然	毅然	yì rán	to take upon oneself
一如既往	一如既往	yī rú jì wǎng	to run true to form
意识	意識	yì shi	consciousness
一丝不苟	一絲不苟	yī sī bù gǒu	meticulosity
意图	意圖	yì tú	intention
意味着	意味著	yì wèizhe	to mean
意向	意向	yì xiàng	intent
意志	意志	yì zhì	purpose
抑制	抑制	yì zhì	to restrain
阴谋	陰謀	yīn móu	intrigue
音响	音響	yīn xiǎng	acoustics

219

隐蔽	隱蔽	yǐn bì	to conceal
引导	引導	yǐn dǎo	to channel off
隐患	隱患	yǐn huàn	hidden danger
隐瞒	隱瞞	yǐn mán	to hold back
引擎	引擎	yǐn qíng	engine
饮食	飲食	yǐn shí	food and drink
隐私	隱私	yǐn sī	privacy
引用	引用	yǐn yòng	to quote
隐约	隱約	yǐn yuē	faint
印刷	印刷	yìn shuā	presswork
婴儿	嬰兒	yīng ér	infant
英明	英明	yīng míng	wise
英勇	英勇	yīng yǒng	heroism
盈利	盈利	yíng lì	profit
迎面	迎面	yíng miàn	head-on
荧屏	螢屏	yíng píng	screen
应酬	應酬	yìng chou	to socialize
应邀	應邀	yìng yāo	to be invited
拥护	擁護	yōng hù	to support
庸俗	庸俗	yōng sú	philistinism
拥有	擁有	yōng yǒu	to be seized of
永恒	永恆	yǒng héng	forever
涌现	湧現	yǒng xiàn	to come forth

勇于	勇於	yǒng yú	have the courage
踊跃	踴躍	yǒng yuè	actively
用功	用功	yòng gōng	to hit the books
用户	用戶	yòng hù	consumer
优胜劣汰	優勝劣汰	yōu shèng liè tài	survival of the fittest
优先	優先	yōu xiān	precedence
优异	優異	yōu yì	excellent
忧郁	憂鬱	yōu yù	sad
优越	優越	yōu yuè	ascendance
油腻	油膩	yóu nì	fatness
油漆	油漆	yóu qī	oil paint
犹如	猶如	yóu rú	like
有条不紊	有條不紊	yǒu tiáo bù wěn	systematically
诱惑	誘惑	yòu huò	to entice
幼稚	幼稚	yòu zhi	childish
愚蠢	愚蠢	yú chǔn	silly
舆论	輿論	yú lùn	public opinion
愚昧	愚昧	yú mèi	blindness
渔民	漁民	yú mín	fisherfolk
与日俱增	與日俱增	yǔ rì jù zēng	increasing
羽绒服	羽絨服	yǔ róng fú	down jackets
予以	予以	yǔ yǐ	to give

愈	愈	yù	more
预料	預料	yù liào	anticipation
预赛	預賽	yù sài	tryout
预算	預算	yù suàn	budget
欲望	欲望	yù wàng	appetency
预习	預習	yù xí	preparation
预先	預先	yù xiān	beforehand
寓言	寓言	yù yán	allegory
预言	預言	yù yán	predict
预兆	預兆	yùz hào	omen
冤枉	冤枉	yuān wang	to be wronged
原告	原告	yuán gào	accuser
原理	原理	yuán lǐ	principle
园林	園林	yuán lín	garden
圆满	圓滿	yuán mǎn	successful
源泉	源泉	yuán quán	headspring
原始	原始	yuán shǐ	original
元首	元首	yuán shǒu	caudillo
元素	元素	yuán sù	element
原先	原先	yuán xiān	formerly
元宵节	元宵節	yuán xiāo jié	festival of lanterns
约束	約束	yuē shù	to inhibit

岳父	岳父	yuè fù	father-in-law
乐谱	樂譜	yuè pǔ	music book
熨	熨	yùn	to iron
蕴藏	蘊藏	yùn cáng	to contain
酝酿	醞釀	yùn niàng	to brew
运算	運算	yùn suàn	operation
运行	運行	yùn xíng	to run
孕育	孕育	yùn yù	to gestate
砸	砸	zá	to smash
杂技	雜技	zá jì	acrobatics
咋	咋	ză	how
灾难	災難	zāi nàn	balefulness
栽培	栽培	zāi péi	to plant
宰	宰	zǎi	to butcher
在乎	在乎	zài hu	to care about
再接再厉	再接再厲	zài jiē zài lì	to make persistent efforts
在意	在意	zài yì	to take notice of
攒	攢	zǎn	to assemble
暂时	暫時	zàn shí	for a while
赞叹	讚歎	zàn tàn	to praise
赞同	贊同	zàn tóng	to applaud
赞扬	讚揚	zàn yáng	to commend

赞助	贊助	zàn zhù	committal
遭受	遭受	zāo shòu	suffer from
糟蹋	糟蹋	zāo ta	to waste
遭殃	遭殃	zāo yāng	to suffer
遭遇	遭遇	zāo yù	to encounter
造反	造反	zào fǎn	insurgence
造型	造型	zào xíng	modeling
噪音	噪音	zào yīn	noise
责怪	責怪	zé guài	blame
贼	賊	zéi	thief
增添	增添	zéng tiān	to add
赠送	贈送	zèng sòng	to give
渣	渣	zhā	dregs
扎	紮	zhā	to prick
扎实	扎實	zhā shi	solid
眨	眨	zhǎ	to blink
诈骗	詐騙	zhà piàn	to bluff
摘要	摘要	zhāi yào	abstract
债券	債券	zhà quàn	bond
沾光	沾光	zhān guāng	to benefit from
瞻仰	瞻仰	zhān yǎng	to pay respects
斩钉截铁	斬釘截鐵	zhǎn dīng jié tiě	categorical

展示	展示	zhǎn shì	to bring forth
展望	展望	zhǎn wàng	to expect
展现	展現	zhǎn xiàn	to exhibit
崭新	嶄新	zhǎn xīn	new
战斗	戰鬥	zhàn dòu	combat
占据	佔據	zhàn jù	to take up
占领	佔領	zhàn lǐng	to occupy
战略	戰略	zhàn lüè	tactic
战术	戰術	zhàn shù	tactics
战役	戰役	zhàn yì	battle
占有	佔有	zhàn yǒu	appropriation
章程	章程	zhāng chéng	constitution
长辈	長輩	zhǎng bèi	eldership
障碍	障礙	zhàng ài	handicap
帐篷	帳篷	zhàng peng	tent
朝气蓬勃	朝氣蓬勃	zhāo qì péng bó	vibrant
招收	招收	zhāo shōu	to recruit
招投标	招投標	zhāo tóu biāo	bid
着迷	著迷	zháo mí	to be potty about
沼泽	沼澤	zhǎo zé	bog
照样	照樣	zhào yàng	as before
照耀	照耀	zhào yào	to blaze

照应	照應	zhào ying	to take care of
遮挡	遮擋	zhē dǎng	to block
折腾	折騰	zhē teng	to toss
折	折	zhé	to fold
折磨	折磨	zhé mó	to afflict
珍贵	珍貴	zhēn guì	treasure
侦探	偵探	zhēn tàn	detective
珍稀	珍稀	zhēn xī	rare
真相	真相	zhēn xiàng	truth
真挚	真摯	zhēn zhì	sincere
珍珠	珍珠	zhēn zhū	genuine pearl
斟酌	斟酌	zhēn zhuó	to think carefully
阵地	陣地	zhèn dì	position
镇定	鎮定	zhèn dìng	composedness
振奋	振奮	zhèn fèn	to hearten
震惊	震驚	zhèn jīng	to shock
镇静	鎮靜	zhèn jìng	to calm
阵容	陣容	zhèn róng	lineup
振兴	振興	zhèn xīng	revitalization
镇压	鎮壓	zhèn yā	crackdown
争端	爭端	zhēng duān	an apple of discord
争夺	爭奪	zhēng duó	to fight over
蒸发	蒸發	zhēng fā	evaporation

征服	征服	zhēng fú	to conquer
正负	正負	zhēng fù	positive & negative
争气	爭氣	zhēng qì	to try to make a good showing
征收	徵收	zhēng shōu	to assess upon
争先恐后	爭先恐後	zhēng xiān kǒng hòu	strive to be first; fear lagging behind
争议	爭議	zhēng yì	disputed
正月	正月	zhēng yuè	first month
挣扎	掙扎	zhēng zhá	to struggle
整顿	整頓	zhěng dùn	to put in order
正当	正當	zhèng dāng	legitimate
正规	正規	zhèng guī	canonicity
正经	正經	zhèng jǐng	decent
正气	正氣	zhèng qì	atmosphere
政权	政權	zhèng quǎn	regim
证实	證實	zhèng shí	to confirm
证书	證書	zhèng shū	certificate
正义	正義	zhèng yì	justice
郑重	鄭重	zhèng zhòng	serious
症状	症狀	zhèng zhuàng	symptom
枝	枝	zhī	measure word
支撑	支撐	zhī chēng	support

支出	支出	zhī chū	expenses
脂肪	脂肪	zhī fáng	fat
知觉	知覺	zhī jué	sentience
支流	支流	zhī liú	tributary
支配	支配	zhī pèi	to dominate
支援	支援	zhī yuán	provide assistance
支柱	支柱	zhī zhù	pillar
知足常乐	知足常樂	zhī zú cháng lè	to feel contented
值班	值班	zhí bān	to be on duty
直播	直播	zhí bō	to broadcast live
殖民地	殖民地	zhí mín dì	colony
职能	職能	zhí néng	function
职位	職位	zhí wèi	position
植物	植物	zhí wù	plant
指标	指標	zhǐ biāo	index
指定	指定	zhǐ dìng	to appoint
指甲	指甲	zhǐ jia	nail
指令	指令	zhǐ lìng	instruction
指南针	指南針	zhǐ nán zhēn	compass
指示	指示	zhǐ shì	directive
指望	指望	zhǐ wàng	to reckon on
指责	指責	zhǐ zé	to censure

治安	治安	zhì ān	public order
制裁	制裁	zhì cái	sanction
致辞	致辭	zhì cí	to address
制订	制訂	zhì dìng	to formulate
制服	制服	zhì fú	uniform
治理	治理	zhì lǐ	to govern
智力	智力	zhì lì	intelligence
致力于	致力於	zhì lì yú	commit oneself to
滞留	滯留	zhìliú	to be retarded
智能	智能	zhì néng	intelligent
志气	志氣	zhì qì	ambition
智商	智商	zhì shāng	IQ
致使	致使	zhì shǐ	to cause
制约	制約	zhì yuē	to restrict
制止	制止	zhì zhǐ	to prevent
忠诚	忠誠	zhōng chéng	loyal
终点	終點	zhōng diǎn	destination
中断	中斷	zhōng duàn	discontinue
终究	終究	zhōng jiū	eventually
中立	中立	zhōng lì	neutral
终年	終年	zhōng nián	all year round
终身	終身	zhōng shēn	lifelong
忠实	忠實	zhōng shí	faithful

衷心	衷心	zhōng xīn	heartfelt
中央	中央	zhōng yāng	center
终止	終止	zhōng zhǐ	to end
肿瘤	腫瘤	zhǒng liú	tumor
种子	種子	zhǒng zi	seed
种族	種族	zhǒng zú	race
众所周知	眾所周知	zhòng suǒ zhōu zhī	be known by everyone
舟	舟	zhōu	boat
粥	粥	zhōu	gruel
州	州	zhōu	state
周边	周邊	zhōu biān	periphery
周密	周密	zhōu mì	thorough
周年	周年	zhōu nián	anniversary
周期	週期	zhōu qī	cycle time
周折	周折	zhōu zhé	twists and turns
周转	周轉	zhōu zhuǎn	to turn over
皱纹	皺紋	zhòu wén	wrinkle
昼夜	晝夜	zhòu yè	day and night
株	株	zhū	measure word
诸位	諸位	zhū wèi	you
逐年	逐年	zhú nián	year by year
拄	拄	zhǔ	prop with a crutch

主办	主辦	zhǔ bàn	to host
主导	主導	zhǔ dǎo	to lead
主管	主管	zhǔ guǎn	person in charge
主流	主流	zhǔ liú	mainstream
主权	主權	zhǔ quán	sovereignty
主题	主題	zhǔ tí	theme
助理	助理	zhù lǐ	assistant
注射	注射	zhù shè	to inject
注释	注釋	zhù shì	commentary
注视	注視	zhù shì	to watch attentively
助手	助手	zhù shǒu	assistant
铸造	鑄造	zhù zào	to cast metal
驻扎	駐紮	zhù zhā	to garrison
住宅	住宅	zhù zhái	house
注重	注重	zhù zhòng	to emphasize
著作	著作	zhù zuò	literary work
拽	拽	zhuài	to drag
专程	專程	zhuān chéng	special-purpose trip
专科	專科	zhuān kē	specialty
专利	專利	zhuān lì	patent
专题	專題	zhuān tí	special topic
砖瓦	磚瓦	zhuān wǎ	tile

转达	轉達	zhuǎn dá	to convey
转让	轉讓	zhuǎn ràng	to alienate
转移	轉移	zhuǎn yí	to metastasize
转折	轉折	zhuǎn zhé	turning point
传记	傳記	zhuàn jì	biography
装备	裝備	zhuāng bèi	equipment
装卸	裝卸	zhuāng xiè	to load and unload
庄严	莊嚴	zhuāng yán	stately
庄重	莊重	zhuāng zhòng	solemn
幢	幢	zhuàng	measure word
壮观	壯觀	zhuàng guān	spectacular
壮丽	壯麗	zhuàng lì	magnificent
壮烈	壯烈	zhuàng liè	heroic
追悼	追悼	zhuī dào	to mourn for
追究	追究	zhuī jiū	to investigate
准则	準則	zhǔn zé	guideline
琢磨	琢磨	zhuó mó	to ponder
着手	著手	zhuó shǒu	to commence
着想	著想	zhuó xiǎng	to consider
卓越	卓越	zhuó yuè	outstanding
着重	著重	zhuó zhòng	to emphasize
资本	資本	zī běn	capital

资产	資產	zī chǎn	assets
资深	資深	zī shēn	senior
姿态	姿態	zī tài	attitude
滋味	滋味	zī wèi	taste
滋长	滋長	zī zhǎng	to grow
资助	資助	zī zhù	to subsidize
子弹	子彈	zǐ dàn	bullet
自卑	自卑	zì bēi	inferiority
自发	自發	zì fā	spontaneous
自力更生	自力更生	zì lì gēng shēng	self-reliance
自满	自滿	zì mǎn	complacent
字母	字母	zì mǔ	letter of alphabet
自主	自主	zì zhǔ	independent
踪迹	蹤跡	zōng jì	trace
棕色	棕色	zōng sè	brown
宗旨	宗旨	zōng zhǐ	purpose
总而言之	總而言之	zǒngéryánzhī	to sum up
总和	總和	zǒng hé	sum
纵横	縱橫	zòng héng	in length and breadth
走廊	走廊	zǒu láng	corridor
走漏	走漏	zǒu lòu	to leak out
走私	走私	zǒu sī	to smuggle

揍	揍	zòu	to beat
租赁	租賃	zū lìng	to rent
足以	足以	zú yǐ	enough
组	組	zǔ	team
阻碍	阻礙	zǔ ài	to hinder
祖父	祖父	zǔ fù	grandpa
阻拦	阻攔	zǔ lán	to stop
阻挠	阻撓	zǔn áo	to thwart
钻研	鑽研	zuān yán	to study
钻石	鑽石	zuàn shí	diamond
嘴唇	嘴唇	zuǐ chún	lip
遵循	遵循	zūn xún	to abide by
尊严	尊嚴	zūn yán	dignity
左右	左右	zuǒ yòu	around
作弊	作弊	zuò bì	to cheat
做东	做東	zuò dōng	to host
作废	作廢	zuò fèi	expire & thus lose validity
作风	作風	zuò fēng	style of work
作息	作息	zuò xī	work and rest
座右铭	座右銘	zuò yòu míng	motto
做主	做主	zuò zhǔ	to be master

Made in the USA
San Bernardino, CA
15 June 2014